MANTEVILLE

EN LORRAINE

LA MAISON FORTE – LA SEIGNEURIE

LES SEIGNEURS

par

Le Baron de Thomasfin de Montbel

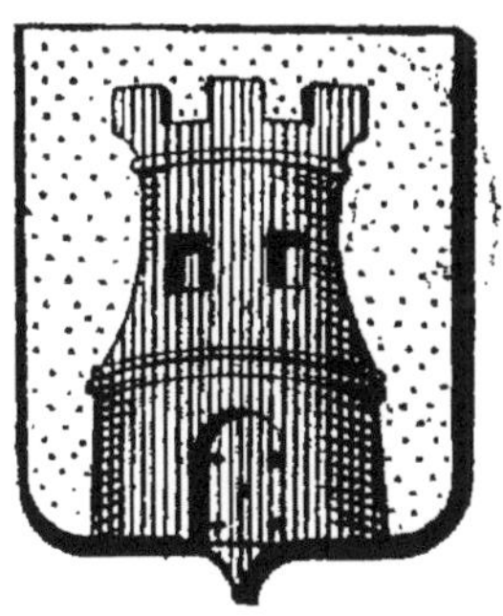

NANCY

ETABLISSEMENTS ALBERT BARBIER

4, Quai Choiseul, 4

—

1908

MANTEVILLE

EN LORRAINE

LA MAISON FORTE — LA SEIGNEURIE

LES SEIGNEURS

par

Le Baron de Thomassin de Montbel

NANCY

ETABLISSEMENTS ALBERT BARBIER

4, Quai Choiseul, 4

1908

Nº 96

AVIS

Mon unique but, en livrant ces quelques notes à l'impression, a été de faire connaître à ceux-là seuls que Manteville intéresse, tout ce que j'ai pu trouver et réunir sur le château et la famille de Manteville, ainsi que sur l'existence de nos aïeux autrefois.

Je prie donc les lecteurs de cet opuscule d'être indulgents pour la forme peut-être défectueuse dans laquelle il est écrit et d'excuser les inexactitudes qui ont pu s'y glisser.

Cliché de M. l'abbé Robinet, curé de Charency-Vezin et Épiez.

LE CHATEAU DE MANTEVILLE
en 1907.

LA

MAISON FORTE DE MANTEVILLE

I

En descendant la vallée de la Chiers depuis Longuyon, on aperçoit sur la droite, aussitôt après la station de Charency-Vezin, le petit village d'Epiez, avec ses maisons alignées sur la route qui longe les prés, et dominées par l'église assise sur le versant de la colline; puis, à quelques centaines de mètres plus loin, on découvre, tapie au pied d'un côteau en demi-cercle et couvert de bois, qui lui forme un abri naturel au nord, une massive construction de teinte grise, dont les clochetons se profilent, en été, sur un gai rideau de verdure.

C'est le vieux castel de Manteville.

« Maison forte » est le nom propre de ce genre de bâtisse, dont il existait un grand nombre au moyen-âge ; c'étaient des châteaux-forts en réduction, tous construits, à peu près, sur le même modèle, et qui servaient de résidence aux seigneurs dans leur fief. L'ensemble se composait d'une grosse maison carrée avec des « échauguettes » aux angles, flanquée d'une ou quelquefois de deux tours généralement rondes, et presque toujours sans fossés. A Manteville, il n'y a qu'une tour; elle est carrée, ce qui est peu fréquent, et située à droite quand on regarde la façade ; elle porte à son angle extérieur une échauguette beaucoup plus petite que celles de la maison ; au-dessus de la porte d'entrée, un avant corps avec machicoulis, et, pour compléter le système de défense habituel de cette époque, dans la tour, en bas et au premier étage, de larges meurtrières très évasées à l'intérieur, — elles ont en moyenne 0^m60 de largeur sur 0^m30 de hauteur — et allant en diminuant, en forme d'entonnoir, pour permettre de voir au loin, à droite et à gauche, et de tirer dans toutes les directions ; il y en a de plus une au rez-de-chaussée, pratiquée dans le mur qui sépare la pièce principale du vestibule, et destinée probablement à arrêter quiconque aurait pu forcer l'entrée du château. Enfin, de chaque côté des principales fenêtres, d'autres meurtrières, très étroites celles-là, et disposées en biais.

Toutes ces précautions pour se garder s'imposaient dans un temps ou les incursions de bandes armées, régulières ou non, étaient fréquentes, surtout dans les pays de frontière comme celui de Lorraine et Barrois. On a, en effet, trouvé récemment à Manteville, en agrandissant une fenêtre, un petit boulet en fer, de 8 centimètres de diamètre, encastré dans l'épaisseur du mur, et un autre en pierre, de 6 centimètres de diamètre, en défonçant le sol de la basse-cour. Cela montre qu'il fallait pouvoir se protéger dans des demeures solides et bien défendues, sans compter qu'en cas d'alerte, les fermiers du seigneur venaient se réfugier chez lui, et certes, on devait être bien à l'abri ici, derrière des murs qui ont 1^m50 d'épaisseur !

Manteville n'est pas aujourd'hui absolument tel qu'il dut être à l'origine ; ainsi, tandis que dans son ensemble extérieur il dénote une architecture très ancienne mais simple, sans aucun ornement, l'entrée, avec ses deux pilastres surmontés d'un fronton mouluré, est de l'époque de la Renaissance, et il est probable qu'elle représente une des premières modifications qui furent faites au château. Les fenêtres ont été agrandies les unes après les autres aux xvi° et xvii° siècles probablement, au fur et à mesure qu'on put sacrifier moins aux nécessités de la défense et accorder plus au confortable ; car, primitivement, elles n'avaient que 1ᵐ20 de hauteur sur 0ᵐ60 de largeur ; en 1903, il en restait encore deux ayant ces dimensions. Sans doute aussi, la toiture devait être plus élevée autrefois et de pente plus raide, à en juger par des traces restées le long de certaines cheminées et qui montrent l'inclinaison qu'elle devait avoir.

Si nous pénétrons dans le château, nous remarquons la voûte en pierre du vestibule, avec ses arêtiers cylindriques, s'appuyant sur quatre culots à moulures, reliés au point de leur croisement par une clef en forme d'écusson sculpté. Le tout est d'une façon originale et bien spéciale au moyen âge.

La porte en chêne, pas trop vermoulue, bien que datant certainement de plusieurs siècles, et qui existait encore en 1903, avait 10 centimètres d'épaisseur et pesait 93 kilos !

L'intérieur, qui n'offre rien de particulier, a dû toujours être très simple ; du reste la noblesse de province, habitant sur ses terres quand elle n'était pas à l'armée, menait une vie exempte de luxe, même tout á fait campagnarde et patriarcale ; la direction des travaux agricoles, les relations avec les fermiers et les villageois, la fréquentation des châtelains voisins, et aussi l'étude des belles lettres, voilà ce qui occupait toute l'existence du seigneur.

Bien que le château de Manteville ne soit plus distribué et meublé comme il l'était au xviii° siècle, par suite de circonstances que nous donnerons plus loin, nous pouvons néanmoins nous faire une idée de la disposition et de l'aménagement des pièces, par un inventaire qui fut dressé en 1788 au moment de la mort de François-Christophe de Manteville : au rez-de-chaussée, il y avait, au centre, la cuisine avec sa cheminée monumentale, tout en pierre ; c'était la pièce principale, et bien qu'elle fut très grande, puisqu'elle mesurait 7 mètres sur 6 mètres, elle ne prenait jour sur le jardin que par une petite fenêtre de 0^m70 carrés ; à côté, le « poile » ou « poële » — de pallium, abri, ou peut-être aussi parce que cette pièce était chauffée par l'envers de la taque de la cheminée de la cuisine, qui formait poële — c'était là que se tenaient habituellement les maîtres, et qu'ils prenaient leurs repas ; comme ameublement, outre une « armoire bois de chêne à un volet » et une autre « servant d'encoignure », on trouvait « une horloge avec sa boite, huit cartes de géographie, un petit buffet, trois fusils, dix chaises, une petite table et une épée à poignée d'argent, vaisselle en fayence, dix couverts d'argent dont deux armoriés, trois grandes cuillers à soupe et à ragouts aussi en argent » ; puis trois chambres dont l'une à côté du « poile », garnie de tapisserie de toile peinte, d'un trumeau au-dessus de la cheminée et de deux peintures au-dessus des portes, et comprenant dix fauteuils et six chaises garnies d'étoffe rouge ; une autre, à côté de la cuisine avec un lit « à tombeau », garni de ses rideaux de « serge verte » et une armoire en chêne ; et la troisième, celle du maître de la maison, meublée d'un « coffre quarré bois de chêne » un secrétaire, un lit à « tombeau avec ses rideaux d'étoffe bleue », un fauteuil « empaillé » et un autre garni, une vieille table, un petit miroir de toilette et un couteau de chasse.

Il fallait passer par la cuisine pour monter au premier étage où on trouvait quatre grandes chambres à coucher, dont l'une prenant jour sur le jardin, avec un lit « à tombeau, garni de ses rideaux de siamoise flambée » ; une autre prenant aussi jour sur le jardin, avec un lit « à l'impériale garni de ses

Cliché de M. E. des Robert.

LA CHEMINÉE DE LA SALLE A MANGER EN 1907.
(anciennement la cuisine).

rideaux de serge jaune » ; une autre encore prenant jour sur la
cour avec un mobilier semblable, à côté de laquelle un cabinet
« où est une chapelle » — ou plutôt oratoire — « avec ses
ornements », etc. ; dans toutes ces pièces, toujours des fauteuils,
et chaises « couverts de paille », table en chêne, miroir avec
« cadre luisant », et des « rideaux d'indienne devant les fenêtres », et malheureusement, aucune indication qu'il y ait eu
quelque portrait de famille.

La maison ne comportait qu'un étage en appartements ; au
grenier on mettait les provisions de blé, d'avoine, etc. ; la cave,
bien voûtée et vaste, ne mériterait pas qu'on en parlât, si on n'y
remarquait dans un des angles, un passage souterrain, très
étroit, dont l'entrée est à moitié fermée par la voûte et qui, au
bout de 3^{m}50 aboutit à une petite pièce très bien murée ayant
0^{m}65 de largeur sur 1^{m}20 de profondeur, haute de 2^{m}35, et
située juste au-dessous de l'entrée du château ; ce souterrain
a toujours beaucoup intrigué les habitants du pays — on
prétend qu'il conduit en Belgique ! — il est probable qu'il ne
faut voir là qu'une cachette facile à dissimuler, et servant pour
les munitions, les objets précieux, ou peut-être simplement
pour les vivres.

Les dépendances immédiates du château comprenaient cour,
basse-cour, chambre à four, écuries, granges, habitations des
fermiers, le tout clos d'un mur dans lequel étaient aussi ménagées de place en place des meurtrières. On y accédait par une
grande porte cochère placée du côté du nord, et une petite
porte pour les piétons. Cette entrée est démolie, mais on en
voit distinctement encore l'emplacement ; la plupart des bâtiments d'exploitation n'existent plus. En dehors, et à trente
mètres au-dessus du château, une abondante source, alimentant jadis un abreuvoir pour le bétail, se continue dans le jardin par une longue pièce d'eau en forme de canal. Enfin,

deux grands vergers, l'un au nord, l'autre au sud de la propriété; ce dernier a été supprimé.

Habité jusqu'à la Révolution, le château dût certainement, après que son dernier propriétaire, le baron de Reumont, l'eût quitté pour émigrer en 1794, subir les atteintes de la fureur des bandes révolutionnaires qui, cette année-là, parcoururent et ravagèrent la contrée; ce qui le prouvait, il y a quelques années encore, c'est qu'on voyait l'emplacement vide de l'écusson encastré au-dessus de la porte d'entrée, et qui avait été arraché; celui qui y est actuellement fut mis en 1905.

Après, Manteville ne fut plus habité que par les fermiers de la famille de ses anciens maîtres, jusqu'en 1840, puis par leur garde jusqu'en 1875, et à partir de cette année, complètement abandonné. Ça allait être la décadence...; le temps ajoutait aussi son œuvre au défaut d'entretien pour conduire lentement mais sûrement à la ruine ce vieux témoin de plusieurs siècles. Mais, grâce à sa solide constitution, et surtout à l'épaisseur de ses murs, il ne voulait pas mourir... Bien lui en prit, car en 1904, il se vit enfin complètement restauré, meublé, et de nouveau habité. Il était temps! quelques années encore, et ce n'eût plus été qu'un amas de pierres et de bois pourris...

A quelle époque fut construite la maison forte de Manteville? Il est assez difficile de donner quelque chose de précis sur ce point, car on ne voit de date inscrite sur aucune de ses parties, comme cela se rencontre quelquefois. D'anciens documents en font mention dès 1456, sous le nom de « manoir »; mais le style dans lequel elle est construite semble bien indiquer qu'elle remonte au moins au xive siècle. Ce qui confirme dans cette opinion, c'est que c'est vers le milieu de ce siècle qu'apparaissent pour la première fois, à notre connaissance, des de Manteville; et il est très probable que celui qui fit édifier le

Le Chateau de Manteville
en 1907 (côté nord).

château au centre du fief dont il était le seigneur, et dont la situation l'avait séduit pour y faire sa résidence, en prit à ce moment le nom et fut la souche de la famille de Manteville.

Il nous a paru intéressant de rechercher quelle pouvait être l'étymologie du mot « Manteville » ; elle n'apparait pas clairement ni en français, ni en latin, aussi ne peut-on faire que des suppositions : M. Aug. Terquem dans ses *Etymologies du nom des villes et villages du département de la Moselle*, dit que Manteville est formé des deux mots latins : « mansus », ferme, et « villa », village, c'est-à-dire : la ferme du village ; c'est peu probable, car mansus et villa ont à peu près le même sens, mais cet auteur, auquel on n'accorde généralement pas grande créance, et pour cause, n'y a pas regardé de si près ; si l'on considère qu'il s'agit d'une maison bâtie au pied d'une source, ne peut-on penser que Manteville vient plutôt des deux mots latins « manatus », mouillé ou qui coule, qui aurait donné « mante » par contraction, et « villa », maisons agricoles ? d'où « manata-villa » maisons bâties sur un terrain mouillé ou près d'une eau qui coule ; car il est de toute évidence que c'est à cause de la source que cet emplacement a été choisi pour y construire des bâtiments de ferme d'abord, puis un château. Mentionnons, uniquement comme curiosité, l'étymologie donnée par M. Jeantin dans les *Marches de l'Ardenne :* « Men-Tii-villa » la « ville des hommes de Thus » ! Qu'est-ce que ce Thus ?

II

LES ENVIRONS

Comme nous aurons souvent occasion dans la suite de citer les « gaignages » voisins, disons quelques mots de ceux qui ont une histoire ou évoquent des souvenirs, et qui se trouvent, comme Manteville, sur le ban du village d'Epiez, par lequel nous terminerons.

Au nord-est de Manteville et au-dessus des bois de la Vaux et de la Poulette, voici la *Folie* ou *Follie* — domus foliata, maison feuillue, c'est-à-dire située à proximité d'un bois ; dans beaucoup de communes existent des écarts portant ce nom, dont l'origine est la même. — Il y a fort longtemps, se trouvait en cet endroit une ferme ; dès 1495, il est dit qu'il existait là « grange et maison qui est en ruines, avec des terres largement qui présentement sont de bruyères, de bois et de haies ». En 1780, la ferme de la Folie comprenait « une mazure avec 80 jours de terre » ; on voit encore l'emplacement que devaient occuper les bâtiments, et où il n'y a plus qu'un amas de pierres, de ronces et d'arbrisseaux, à côté duquel jaillit une petite source.

Plus loin, tout à fait sur le plateau, nous rencontrons les lieux-dits *la Potence* et *le Haut-des-Fourches ;* c'est là qu'était autrefois le signe de la Haute-Justice, ou fourches patibulaires. Au bout, se trouve *le Champ du Débat*, ou encore *Ban du Débat*, grande bande de terrain située le long de la frontière franco-belge, jusqu'au *Trou de la Roue*, et dont la possession a de tout temps fait l'objet de controverses entre les deux communes d'Epiez et de Torgny. Avant le xviie siècle, tout ce canton, « terrain vague et sans maître », était boisé en chênes,

charmes, cerisiers et autres arbres fruitiers, ou couvert de genêts
et de bruyères, « si épais que souvent les bestiaux et chevaux
qu'on y menait pâturer, s'y égaraient » ; au Trou de la Roue, on
voyait des chênes de « plus de 2 brassez de tour », à côté de
« chênots gros comme la jambe ». Ce « Trou de la Roue », ou
plus exactement « Trou du Bois la Roue », appartenant à la commune de Charency-Vezin, était un chemin percé dans la pointe
de ce bois touchant la forêt de « Gayville », et qui menait de
Montmédy à Longwy et à Luxembourg. Vers 1680, « le passage
y était si étroit, quoique grande route, qu'il était très difficile
et dangereux pour les troupes ». Aussi, « postérieurement à la
prise de Luxembourg », (1684), Louis XIV « ordonna que ce
canton serait ouvert, de même que tous les chemins publics qui
conduisent de Montmédy à Luxembourg », et qu'une large
tranchée y serait entretenue. On commença à couper « pour
élargir le chemin, lors du voyage de Sa Majesté T. C. de Paris
à Luxembourg ». (Il s'agit probablement du voyage que fit
Louis XIV à Luxembourg, en 1687, en passant par Longwy.)
Les belles futaies du Trou de la Roue furent abattues, « le plus
proche de terre que faire se put ». ; puis les habitants d'Epiez et
de Torgny se mirent à essarter, « à l'envi des uns et des autres,
à la façon d'Ardenne, en coupant la terre et le gazon, et les
brûlant » ; le terrain était au « premier occupant et cultivé
confusément par les uns et les autres », de sorte qu'il était
impossible de délimiter ce qui appartenait à chacune des deux
communautés. Cette situation dura des années ; plusieurs
procès, notamment en 1803 et en 1806, ne purent arriver à
asseoir définitivement le partage de ces terres. Enfin, par la
convention signée le 28 mars 1820 avec les Pays-Bas, la France
abandonna (art. 47) ses droits sur la commune d'Epiez relativement à cette partie contestée avec celle de Torgny, en échange
de certains avantages sur d'autres bans.

En face, à l'est, voici *Urbule* ou *le Rebule :* il y avait à cette place, en remontant à des centaines d'années, une maison forte ; un document de 1463 en parle ainsi : « un gaignage appelé le Rebulle, ensemble les vestiges d'une forte maison, laquelle maison et gaignage sont de longtemps en ruines ». A la fin du xviii° siècle, le jardin potager de la maison est dit, « entouré de fossés remplis », qui sont encore visibles aujourd'hui. Actuellement ce n'est plus qu'une belle et importante ferme.

M. Terquem, dans son ouvrage déjà cité, donne comme étymologie du mot Urbule la suivante : « ur ». abréviation de urbar, en allemand, terres défrichées, « bule » de bulle, taureau banal : « ferme de terres défrichées ayant un taureau banal » ; ailleurs, il dit que bule vient de l'allemand buhle, coquet ; ce devait être une ferme modèle ! Si nous reproduisons les origines souvent bizarres attribuées aux noms de lieux par M. Terquem, ce n'est qu'à titre de curiosité ; mais pour Urbule, nous n'avons pas d'autre explication à donner du sens de ce mot à consonnance rare.

Repassons maintenant au sud de Manteville, nous rencontrons le *Bois des Aulnes* assis sur un terrain marécageux traversé par un gros ruisseau, et où « d'ancienneté il y avait un « moulin et un petit étang », est-il dit au xvii° siècle ; en dessous et à droite, le *Horlé le Diable*, anciens jardins ; horlé signifie talus en patois ; et enfin plus bas, coule la *Chiers* qui prend naissance dans le Luxembourg et va se jeter dans la Meuse, un peu avant Sedan. C'est le « Charus fluvius » des latins ; ce mot Charus est peut-être bien dérivé de « Quercus », chêne ; c'est « la rivière du pays des chênes » ; les deux versants de sa vallée sont, en effet, très boisés, et cette essence y domine ou y a dominé. D'autre part, M. Quicherat dans son livre de *la formation française des anciens noms de lieux* dit que la Chiers et le Cher sont un même mot modifié par suite de la façon de le prononcer du pays.

Dirigeons-nous maintenant vers Epiez en suivant la route qui vient de Torgny ; nous voyons à notre gauche la saison de *Peroux* — pierrou, endroit où il y a des pierres — puis le lieu dit : *au cochon pendu* — « pouchii padu » en patois —, sur lequel se trouve actuellement la propriété de M. Georges de Montbel, qu'il a appelée *Huguesville*. Voici quelle est certainement l'explication de ce vocable singulier : dans l'ancien, très ancien temps, lorsqu'un animal avait commis un méfait, surtout suivi de mort d'homme, on le traduisait en justice, et s'il était reconnu coupable, on le condamnait à la pendaison, et on l'exécutait bel et bien. Le fait se produisait principalement pour les taureaux, les chevaux, qui, d'un coup de corne pour les premiers, d'une ruade pour les seconds, avaient tué quelqu'un, et surtout pour les porcs convaincus d'avoir dévoré des enfants. Il y a tout lieu de croire que le « cochon pendu » rappelle un fait de ce genre qui se serait passé à Epiez.

Enfin, notons, comme souvenir, qu'il y eut autrefois des vignes sur le ban : deux lieux-dits portent encore ce nom, l'un, contre le village, près de l'ancien sentier de Sainte-Hélène ou du Douaire ; l'autre, sous le bois le Farel. Et même maintenant on peut voir quelques ceps isolés dans les haies au-dessus de Manteville.

III

EPIEZ

Nous voici à *Epiez ;* ce coquet petit village bâti au pied d'un verdoyant coteau, près d'une rivière, peut être considéré, à juste titre, comme très favorisé au point de vue de tous les avantages naturels qui rendent agréable et facile la vie à la campagne.

Historiquement parlant, il n'a gardé que peu de souvenirs du temps passé ; il dût cependant y avoir des habitations à l'emplacement qu'il occupe, ou aux environs, dès l'époque gallo-romaine ou gallo-franque ; on a, en effet, mis à jour en 1792, à l'endroit occupé par l'ancienne fontaine, une cuve en pierre de 4 mètres carrés, sur 1 mètre de hauteur et qui s'y trouve encore enterrée ; et en 1888, dans des champs situés entre Epiez et Charency, des sépultures antiques, ainsi que des débris de monuments, et d'objets en poterie et en pierre dont il est difficile de déterminer l'époque exacte. Mais, de la période du moyen-âge, nous allons voir qu'il ne reste presque rien.

L'église, située tout en haut, est relativement moderne ; de celle qui devait exister autrefois, il n'est demeuré que la partie basse de la tour, et les fonts baptismaux composés d'une pierre ronde grossièrement taillée et qui doit être d'un travail très ancien. La porte d'entrée est du style de la Renaissance ; elle a beaucoup de ressemblance avec celle du château de Manteville et a dû être construite en même temps ; au-dessus on y lit une date : 1733 ; ce doit être celle d'une restauration. La flèche du clocher a été exhaussée, nous dit-on, en 1855. La nef, de style roman, le chœur et la sacristie ont été refaits en 1829 et 1830, comme l'indique l'inscription suivante placée extérieurement et derrière : « Anno fecit 1830, par les soins de M. Kruzet maire d'Epiez et de M. Ansion adjoint, et la surveillance de M. Bauchet, architecte. »

Plusieurs seigneurs de Manteville et d'Epiez sont enterrés dans l'église; c'était un privilège réservé aux nobles; mais ils n'en usaient pas toujours, préférant souvent reposer dans le cimetière comme les autres humains. En 1901, des travaux entrepris pour refaire le dallage ont mis à jour des cercueils en pierre, sans inscriptions; mais tout a été laissé intact, et les restes de ceux qui dorment là leur dernier sommeil y sont encore. Deux inscriptions tombales placées à droite et à gauche sur les murs du chœur, mentionnent trois membres de la famille de Manteville qui furent inhumés en ce lieu. Nous en reparlerons dans la suite.

Au-dessus du grand autel se trouve la statue de Saint-Denis, patron de la paroisse. La chaire à prêcher, en bois peint, d'une sculpture naïve et formée de quatre panneaux avec les évangélistes, porte la date de 1748; les vitraux, produit de dons généreux, ont été posés il y a une dizaine d'années.

Un arrêt du Conseil d'Etat du 10 avril 1770, autorisa la Communauté d'Epiez à vendre une coupe de trente arpents, dans le quart en réserve de ses bois, pour « construire une maison pour le pâtre, une fontaine, faire fondre deux cloches, bâtir un ossuaire, faire faire une chaire dans l'église et enfin rétablir la toiture en ardoise du clocher et de la sacristie ». Des deux cloches, l'une fut prise sous Napoléon Ier, ainsi que celles de beaucoup d'autres villages, pour en faire des canons; l'autre, fendue, fut remplacée en 1884. La chaire, qui dût être faite alors, fit place, en 1864, à celle que nous venons de décrire, et qui était auparavant à Allondrelle. Jusqu'en 1880, le cimetière se trouvait autour de l'église ; il fut reporté, cette année-là, à environ 300 mètres plus haut.

Avant la Révolution, il y avait à Epiez deux châteaux : le premier, situé au centre et en haut du village, composé d'un seul étage, était simplement une « maison seigneuriale » sans aucun style, donnant sur la rue, avec, par derrière, une cour et un colombier, que seuls les seigneurs avaient le droit de posséder ; on y accédait, à gauche, par une grande porte cochère et à droite, par une petite porte munie d'un heurtoir. Cette maison fut, suivant le dire non suspect de vieux habitants du pays, la demeure d'un cadet de Manteville, Philippe Raphaël, qui y résida jusqu'à sa mort en 1787 ; sa veuve s'y éteignit en 1807, et aussitôt après, MM. de Saint-Vincent, ses frères et héritiers, vendirent tous ses biens. Actuellement divisée en trois parties, cette propriété appartient à MM. Charpentier, Foulon et Harduin, cultivateurs ; on peut encore voir au rez-de-chaussée, des cheminées, des boiseries et des ornements en plâtre qui indiquent que cette habitation fut aménagée avec goût et un certain luxe. On y lit, au-dessus de l'entrée, la date de 1764, qui est probablement celle de quelque réparation ou modification ; dans un des greniers, sur la pierre de tête d'une porte, qui devait primitivement être ailleurs, se trouve gravée l'année 1381.

L'autre château, situé à la sortie du village dans la direction de Torgny, au milieu d'une cour bien close et plantée d'arbres sur le devant, paraît avoir été plus important. Ce qu'on en voit actuellement ne peut donner une idée de ce qu'il fut ; car, démoli complètement vers 1847, parce qu'il menaçait ruine, il devait être reconstruit par le propriétaire d'alors, M. Delhaye, que la mort empêcha de mettre son projet à exécution ; il ne put terminer que les caves, vraiment remarquables par leur hauteur, l'épaisseur des murs et les larges ouvertures qui y sont ménagées ; sur une des pierres qui a servi à en faire l'entrée, se trouve la date suivante : 1613. Après la mort de

M. Delhaye, on édifia sur ces fondations une maison ordinaire, actuellement divisée en plusieurs logements.

La tour ronde qui flanque cette bâtisse au midi, et au pied de laquelle coule une source abondante, est-elle aussi de construction récente ? ou bien est-elle l'ancien colombier qui devait certainement se trouver là ? On ne sait. Il y avait aussi primitivement, à l'angle des deux murs bordant, l'un la route, l'autre le chemin qui descend au lavoir, une tour ou « tourelle »; ce mot est encore celui sous lequel on désigne l'emplacement où elle se trouvait. L'entrée de la propriété était constituée par un porche qui a complètement disparu. Enfin, dans les vastes dépendances situées dans la cour, on peut encore voir, au bout du bâtiment qui constituait la bergerie, une jolie échauguette de forme arrondie et bien conservée.

Les anciennes archives qui mentionnent ce château et en décrivent l'ensemble, permettent d'affirmer qu'il servait d'habitation aux de Villelongue, qui résidèrent à Epiez pendant plus de 150 ans. Le 26 novembre 1632, Pierre de Villelongue, seigneur d'Epiez, conclut un accord avec les bourgeois du village, « pour reconnaitre et mettre séparation et bornes entre son héritage et l'aisance commune dudit Epiez, tant pour construire la muraille que tourelle qu'il veut faire bâtir en son logis au dit lieu... » il fut convenu que « ladite muraille serait érigée ainsi que les bornes sont plantées, et que la tourelle s'édifierait au bout d'icelle, tant pour défendre sur la porte de la basse-cour du dit logis que la muraille qui tire vers le moulin et sur la fontaine. »

En 1662, Nicolas de Villelongue, fils du précédent, cite, en parlant de ce qu'il possède à Epiez, une « maison en forme de pavillon, érigée en la place où était la cense, avec le colombier et basse-cour, dessous, le parterre ». En 1684, il y avait dans ce « parterre », de grands réservoirs d'eau, remplis de poissons ; quoiqu'en partie comblés aujourd'hui, ils sont encore très reconnaissables.

En 1779, les héritiers de Nicolas de Villelongue cédèrent au baron de Reumont, par suite d'un échange, tous leurs biens d'Epiez, y compris le château, désigné ainsi : « une maison quarrée en forme de pavillon, colombier, basse-cour, en dépendant, jardin et verger contenant 6 jours de terre, enfermé de vif-haye et de muraille ». A cette époque, cette propriété devait être habitée par des fermiers. M. de Reumont ayant émigré, ses biens furent vendus en 1795, et ce qui fut le château d'Epiez, après être passé en de nombreuses mains, appartient, depuis 1893, à M. Didier, maire de la commune.

A côté et un peu en dessous, se trouve le moulin, autrefois « moulin banal », alimenté dans ce temps-là par le ruisseau dit *le Carabin*, venant d'Urbule, et maintenant par une source abondante, jaillissant à quelques mètres plus haut où elle forme un lavoir. Du reste, l'eau ne manque pas dans le village, car il y a encore une autre fontaine au centre, largement pourvue par un ruisseau descendant de la colline et dont l'eau est excellente. Le « four banal » était situé à l'emplacement occupé actuellement par la première maison à gauche en venant de Charency ; c'était dans le but d'éviter des incendies fréquents résultant des fours particuliers, qu'il était défendu de cuire le pain chez soi et qu'on devait le porter au four banal, toujours isolé des autres habitations, comme on voit que c'est le cas ici.

On remarque, au milieu de la rue principale, à l'endroit où elle est plus large, sur le côté d'une maison formant pignon, un calvaire fixé dans le mur, appelé la *croix blanche* ; la tradition rapporte que c'était à cet emplacement qu' « on » rendait la justice.

Avant le xvii⁰ siècle on distinguait la « haute » et la « basse » Epiez, qui, à elles deux, formaient la « ville d'Epiez » ; car alors, ville, du latin villa, signifiait, contrairement au sens qu'on lui donne actuellement, une agglomération de maisons à la campagne.

Epiez est encore un mot à forme bizarre et pour lequel, en fait d'étymologie, on ne peut faire que des suppositions : il s'est écrit : Espiey, Espiez, Epiey, Epié, Espié ; en latin, Epictum ; M. Terquem le fait venir des mots latins : « E, de egemus pauvre, PI, de pietas piété ou amour de Dieu, ES, de esca nourriture »: « par amour de Dieu, il faut nourrir les pauvres » ! C'était peut-être dans sa première situation, ajoute-t-il, une domerie, (on appelait ainsi des abbayes qui étaient en même temps des espèces d'hôpitaux). Ces explications sont tout à fait fantaisistes ; toutefois, sans vouloir pour cela donner raison à M. Terquem, nous ferons remarquer qu'il existait, il n'y a pas bien longtemps encore, contre le village, au nord-ouest, un lieu-dit « la maladrerie » (hôpital affecté aux lépreux). M. Jeantin, lui, écrit: « ep-ie, bâti sur les eaux », sans plus d'explication.

L'origine du mot Epiez doit être plus simple, et nous serions plutôt tenté d'adopter celle que M. Tandel, dans *les Communes luxembourgeoises*, donne à un petit canton appelé « Epioux », près de Florenville, mot qu'il pense venir de « espe » hache en wallon. Epiez, situé dans une région très boisée, surtout autrefois, ne fut-il pas primitivement un village de bûcherons, peut-être même venus des pays wallons ? Nous avons aussi, en vieux français : « espiet », epieu, qui se rapproche de ce sens ; mais il y a aussi « espié », qui porte des épis, « espier », droit domanial qui s'acquittait en blé, et aussi « espie », espion... De tout cela il est plus prudent de ne rien conclure !

Cette partie du Barrois qui confinait au Luxembourg et à la France, fut souvent le théâtre de guerres et d'invasions ; l'histoire nous en retrace les grands faits, mais sans nous en donner les détails qui intéresseraient chaque localité en particulier. Voici cependant ce que nous avons pu glaner concernant la petite étendue de pays qui nous occupe :

Au xvᵉ siècle, les armées des ducs de Bourgogne venant guerroyer dans le Luxembourg et dans le pays de Liège passèrent et s'arrêtèrent à Marville ; elles durent traverser Epiez qui était sur leur chemin.

En 1678 et 1679, « le désordre de la guerre avait porté le feu dans les métairies et maisons qui servaient à loger les fermiers du Sʳ de Villelongue, et les avaient réduites en cendres, si bien qu'ils avaient été obligés de les abandonner. » Il s'agit ici des guerres du roi de France contre la Lorraine.

En 1731, Mathieu Landroy, brasseur à Vezin, âgé de 72 ans, dit avoir, vers l'âge de 25 ans, « chassé et été commandé avec le reste de la communauté de Vezin, de la part du gouverneur de Montmédy, au trou de la Roue, et au champ du Débat, contre les partisans qui venaient incendier journellement le pays. »

En 1792 et 1793, avant et après la bataille de Valmy, les troupes françaises et autrichiennes exécutèrent d'importants mouvements entre Longwy, Longuyon, Villers-le-Rond, Montmédy, Lamorteau et Virton ; il y eut même un combat autour de cette dernière ville en octobre 1792. Si Manteville et Epiez ne se trouvèrent pas sur le théâtre immédiat de ces opérations, ils en subirent le contre-coup, comme l'indiquent les faits suivants :

Le 8 juin 1792, la municipalité d'Epiez reçut le billet suivant :

« D'après les ordres de Monsieur le Veneur, Maréchal de Camp, Commandant les troupes en Cantonnement dans les environs de Montmédi, nous, capitaine au neuvième régiment de chasseurs à cheval, requérons Messieurs les officiers municipaux d'Epiès de vouloir bien se joindre à la municipalité d'Othe pour rendre le gué des Champiis impraticable par un fossé de six pieds de large et quatre pieds de profondeur de côté et d'autre, et pour faire cette opération, si il est nécessaire de quelques pieds d'arbre, la municipalité d'Epiès pourra les prendre dans ces bois communaux en en justiffiant l'emploi sans autre ordre. »

« Fait à Velonne le 8 juin 1792

Le Capitaine : Chaumont. »

Le 7 décembre 1792, M. de Reumont, remet au maire d'Epiez « une sauvegarde du général autrichien dans le temps qu'il était dans le pays, pour l'empêcher d'être pillé ny insulté, résidant dans une maison isolée. »

Enfin, le 1er février 1793, « le maire et les officiers municipaux d'Epiez, accompagnés du juge de paix de Charency, requis par Jean Gobert et Guillaume Rouvroy, forestiers de bois, se transportent dans les bois de Manteville pour reconnaitre les déprédations qu'il peut y avoir ; » ils constatent qu'il y a « quatre arpents en dégradation dans le canton de Marianne de Saint-Vincent, et un canton de taillis en très mauvais état dans le bois de Jean-Baptiste de Reumont, qui est rongé tout entièrement » (sic) et reconnaissent que « ces déprédations ont été faites en partie pendant que les armées ennemies étaient dans le pays et même encore présentement, vu que ces bois sont frontière de pays étranger. »

En 1870 les Prussiens séjournèrent une huitaine de jours à Epiez ; ils n'allèrent pas à Manteville situé trop près de la frontière belge que les soldats de ce pays gardaient étroitement ; aussi des familles du village s'étaient-elles réfugiées au château. Au printemps de 1871, ils repassèrent et restèrent environ trois semaines ; ils avaient établi un tir à la cible dans les terrains situés derrière l'église, et allaient s'y exercer aussi tranquillement qu'ils l'eussent fait dans une de leurs garnisons. Ils quittèrent le pays sans laisser 'd'autre trace de leur séjour et sans avoir commis de dégâts.

IV

Pour comprendre ce que nous dirons en faisant l'historique des seigneurs de Manteville, il est nécessaire de connaître sommairement quelle fut, avant et pendant la Révolution, l'organisation d'Epiez aux points de vue politique, administratif, judiciaire et spirituel; du reste ces questions sont déjà par elles-mêmes très intéressantes.

Depuis les temps les plus reculés, le territoire d'Epiez, ainsi que celui de Manteville situé sur le même ban, fit partie du Barrois, — depuis 1302 Barrois non mouvant, c'est-à-dire qui ne relevait pas du roi de France —; puis en 1431, du duché de Lorraine et de Bar, à la réunion du comté de Bar à la Lorraine, et enfin devint terre française en 1766, au moment où le duché fit définitivement retour à la couronne, à la mort du roi Stanislas.

Par contre, les territoires contigus de Charency et de Vezin étaient compris dans les *terres communes ;* voici ce que cela signifie : un certain nombre de villages, formant les fiefs d'Arrancy et de Marville, appartenaient par moitié, depuis le xiiiᵉ siècle, aux ducs de Luxembourg et de Lorraine ; ceux-ci se les partagèrent en 1602, mais laissèrent en commun une dizaine de seigneuries et cens, situés depuis Marville jusqu'à la Malmaison et qu'on appela les *terres communes* ou *indivises* ou *contestées*. En 1659, par le traité des Pyrénées, ces localités furent annexées à la France.

Epiez se trouvait ainsi former une enclave du Barrois, limitée par le Luxembourg au nord et à l'ouest (Lamorteau, Torgny et Velosnes) et les terres communes au sud et à l'est (Vezin, Charency et Allondrelle).

Le premier représentant de l'autorité, et longtemps le seul, fut le *prévôt;* il était juge civil et criminel pour tous les cas qui ne dépendaient pas des justices seigneuriales, dont nous parlerons plus loin, et en même temps gouverneur civil et militaire ; aussi était-il souvent appelé « capitaine prévôt », ou simplement « capitaine » ; il avait avec lui un « lieutenant prévôt »; l'un et l'autre étaient toujours choisis parmi les gentilshommes des meilleures familles nobles du pays. A partir du xviie siècle, à peu près, les pouvoirs du prévôt se réduisirent, et il ne fut plus que le premier juge dont on pouvait appeler devant le bailli; il fut alors assisté, outre d'un lieutenant prévôt, d'un procureur général avec substitut, d'un procureur d'office, de notaires ou tabellions, procureurs, greffiers, sergents d'office et huissiers.

Aux xviie et xviiie siècles, le *bailli* est défini par la *coutume:* le « juge supérieur et réformateur immédiat des prévôts, mayeurs, et autres juges et justices inférieures »; les « personnes nobles » étaient justiciables en première instance du bailli. C'était toujours un très grand seigneur, qui n'habitait généralement pas au siège de sa charge, et que remplaçait le « lieutenant général civil et criminel, garde-scel du tabellionnage, » ayant avec lui un lieutenant particulier, un conseiller, un avocat procureur, un greffier, des huissiers et des avoués ou procureurs. Les appels des sentences du bailli ressortissaient, pour le Barrois, à la Cour suprême de Saint-Mihiel, dite *assises* ou *Cour des Grands jours.* En France cette juridiction s'appelait Parlement.

La *coutume* était le recueil écrit du droit appliqué dans un pays.

Manteville et Epiez furent d'abord longtemps, aux xive, xve xvie siècles de la prévôté, où châtellenie — ces deux mots avaient la même signification — de Pierrepont, puis de celles de Sancy et de Mussy ; — à Sancy, situé entre Longwy et Briey, comme à Mussy, sur la Chiers, au nord de Longuyon, il y avait alors d'importants châteaux forts, sièges de châtellenies et dont il ne reste plus que quelques vestiges, — ensuite de la prévôté de Longuyon, et baillage de Saint-Mihiel, et enfin, à partir de 1749, année de la suppression des prévôtés, baillage de Longuyon, et quelquefois, en même temps, baillage d'Etain ; ressort de la cour de Saint-Mihiel, puis en 1667, de la cour souveraine de Lorraine et Barrois à Nancy, quand celle de Saint-Mihiel lui fut réunie, jusqu'en 1772, ou un édit de Louis XV donna la juridiction suprême au siège présidial de Verdun. La coutume suivie était celle de Saint-Mihiel.

Charency et Vezin étaient de la prévôté et du baillage de Marville, parlement de Metz, coutume du Vermandois. A Marville, il y eut pendant plusieurs siècles, pour les raisons citées plus haut, simultanément deux prévôts, un pour le duc de Luxembourg, un autre pour le duc de Bar.

En 1789, fut créé le département de la Moselle, divisé en 9 districts, eux-mêmes subdivisés en 9 cantons. Epiez fut du canton de Charency, district de Longwy ; il y eut un tribunal à chaque chef-lieu de district ; à partir de 1790, il siégea provisoirement à Longuyon, présidé par un « juge de paix ».

Enfin, après avoir été du département de la Moselle jusqu'en 1871, Epiez fait actuellement partie de celui de Meurthe-et-Moselle, arrondissement de Briey, canton de Longuyon.

Les habitants d'Epiez bénéficièrent de bonne heure des libertés personnelles et communales qui furent accordées successivement à beaucoup de communes lorraines. En effet, Ferry de Failly, qui fut seigneur d'Epiez vers 1550, écrit que « ladite ville se règle à la loy de beaulmont », c'est-à-dire que les habitants jouissaient vis-à-vis de leurs seigneurs des mêmes franchises que celles que Guillaume de Champagne, archevêque de Reims, avait accordées au xii° siècle à la petite ville de Beaumont en Argonne (entre Stenay et Mouzon) qu'il venait de fonder.

Le corps des habitants s'appelait *communauté*, et seulement plus tard *commune;* il avait à sa tête un *mayeur*, ou maire, un *lieutenant de mayeur*, ou lieutenant de maire, et des *échevins*, au nombre de quatre généralement, tous nommés par élection; ils administraient les affaires de la communauté et rendaient aussi la justice, mais seulement en ce qui concernait la police rurale; aussi étaient-ils appelés, *gens de justice*, où *hommes de justice*, ou *consors de justice;* ils avaient pour cela un *officier de justice*, un *procureur fiscal*, un *greffier* ou *clerc-juré* et un *sergent* pour porter les assignations et les exploits.

Voici les noms des mayeurs et maires d'Epiez que nous avons relevés jusqu'en 1810 : Huynes, « maior », 1312; François Chenêt Gratian, 1610; Collignon Michel, 1632; Gilbert Jonval, 1667; Jean Mercier, 1669; Jean Mouchet, 1677; Jean Jacques, 1709; Jean Poupar, 1714; Albert Thyrie, 1718 et 1723; Jean Mercier, 1719; Didier Mouchet, 1721; Jean Naudin, 1724; Léonard Bard, 1726; François Gillet, 1728; Michel Perignon, 1731; Laurent Lanson, 1733; François Joannés, 1760; Henry Guillaume, 1775 à 1792; Louis Doucet, an II; Henry Ansion, 1810.

Nous ignorons si la communauté d'Epiez avait aussi une « charte » qui obligeait chaque nouvel échevin élu à donner un dîner aux autres, comme cela existait à Vezin, ou les gens de justice devaient tenir beaucoup à cet usage, car une fois l'un d'eux ayant refusé de s'y conformer, y fut contraint par un ordre du prévôt !

Le *syndic* était celui qui était spécialement chargé du soin des affaires de la communauté; c'est chez lui que descendaient les notaires pour passer les actes. Le maître d'école s'appelait aussi *régent d'école ;* Jean Gobert, chantre et régent d'école, qui mourut le 22 décembre 1767, âgé de 66 ans, après avoir rempli sa charge pendant 48 ans, mérite d'être cité.

Epiez avait aussi une *gruerie,* avec un officier juge gruyer, juge en première instance des délits forestiers et de rivière ; il était assisté d'un procureur d'office, d'un greffier et d'un sergent et rendait ses jugements « en la chambre d'auditoire d'Epiez ; » il avait sous ses ordres des *forestiers* ou gardes de bois ; tous relevaient de la maîtrise particulière des eaux et forêts d'Etain.

Parmi les habitants, on distinguait les *bourgeois,* c'est-à-dire ceux qui étaient originaires du village même, y étaient propriétaires et jouissaient de tous les droits communaux ; ils correspondent aux chefs de « feu » actuellement; et les *forains* ou *difforains,* c'est-à-dire ceux qui possédaient des biens sur le territoire, sans y être domiciliés. Epiez comptait 32 bourgeois en 1610, 33 en 1621, 8 en 1677, 19 en 1715, 29 en 1769, puis 39 en 1809.

Les plus importants des avantages communaux dont jouissaient les bourgeois étaient ceux de pâturage et ceux provenant des bois ; toutes les bêtes devaient former un troupeau commun qui allait se nourrir dans les prés du ban, aussitôt la première coupe faite, car on n'en faisait pas de deuxième.

Sous le second rapport, les habitants avaient depuis longtemps été favorisés : en 1312 les « Dames Abbesse et Religieuses de Juvigny » leur avaient « laisseis et acenséis pour toujours en héritaige (c'est-à-dire : donné) pour ealz et pour lor hoirs, lour bois coindit le farel séante desor la ville d'espiez, pour ensi que chascun hoṁes ou feṁes qui fera feu à son conduyt en la ville d'éspiez, paient as dittes Dames chacun an le lendemain de feste Saint-Martin en hivers un franchart de bonne avoine, à la mesure de Virton » (environ 25 litres); de plus le maire devait « mettre forestier audit bois pour le warder et si li forestier itrovait aucun forfaisant, ils soient à cinq sols de petits tournois d'amande », dont moitié revenait aux religieuses et moitié au « sire d'Espiez, » — à ce moment Jehannin de Pouris. — L'importante abbaye de Juvigny, auteur de cette libéralité, était un couvent de bénédictines situé près de Stenay, fondé en 874 et qui semble avoir possédé autrefois une bonne partie du ban d'Epiez. Après sa suppression à l'époque de la Révolution, la redevance imposée fut encore payée en nature par les habitants entre les mains du Rece-veur des Domaines de Longuyon; le titre constitutif en fut re-nouvelé le 3 juillet 1809 et cela dura probablement jusqu'à l'établissement de la taxe affouagère, vers 1818.

D'un autre côté, le Bois de la *Poulette* leur avait été « ar-renté » par les seigneurs d'Epiez, c'est-à-dire donné en jouis-sance à bail perpétuel, moyennant une redevance annuelle de « un cartel de bled froment, mesure de Bar, par chaque bour-geois. »

Ce sont ces bois qui constituent actuellement la forêt com-munale. Le ban comprend en outre quelques massifs moins importants : le *bois de Manteville*, jadis plus étendu, aujourd'hui en partie défriché, et le bois *de la Vaux*, tous deux au-dessus du château, puis le *Cugnon* et le *Bois la Dame*, à l'ouest du Farel.

Un décret du 14 décembre 1789, sur l'administration commu-nale, décida que chaque commune de moins de 500 âmes au-rait un corps municipal de trois membres, y compris le maire, auxquels pouvait s'adjoindre un même nombre de notables, pour délibérer ; cette réunion s'appelait le *Conseil général* de la commune; un *procureur de la Commune*, élu séparément, était chargé de défendre les intérêts de celle-ci, et de pour-suivre les affaires. *L'agent municipal*, ou adjoint, constatait par procès-verbaux les contraventions aux lois de police. Un décret de la Convention Nationale du 14 frimaire an II supprima les procureurs de Commune et les remplaça par des *agents nationaux*. Cette organisation dura jusqu'en l'an XIII, où l'assemblée municipale prit le nom de *Conseil municipal*.

Mentionnons, en terminant, ces deux faits lus sur le registre des délibérations du corps constitué d'Epiez : le 11 février 1793, tous les citoyens de la municipalité s'assemblent pour prêter serment de fidélité à la République française; le 15 pluviose an XIII, le Conseil municipal réitère la promesse de fidélité à la Constitution et à S. M. l'Empereur des Français...

Enfin, par un décret du 10 avril 1812, la commune d'Epiez fut réunie à celle de Charency ; elle fut érigée de nouveau en commune par ordonnance royale du 7 avril 1840.

Voici maintenant quels étaient les principaux impôts que nous voyons payés par les habitants d'Epiez et de Manteville avant la Révolution : d'abord la *dîme* ou les *dîmes*, impôt prélevé en nature sur les revenus agricoles de tous, aussi bien seigneurs que bourgeois, et destiné, en principe, à subvenir aux frais du culte ; la « grosse dîme » se prenait sur le blé, l'orge, le seigle et l'avoine et était chaque « onzième gerbe » ; la « menue dîme », sur toutes les autres récoltes ; pour le bétail qui, en général, était aussi sujet à la dîme, nous ignorons comment on procédait à Epiez

Ceux à qui revenaient ces dîmes, c'est-à-dire les *décimateurs*, étaient pour moitié les Religieuses de Juvigny et pour moitié le curé d'Epiez. Les premières cédaient leur part par bail à forfait, contre argent, à un habitant du village qui était appelé *fermier* ou *admodiateur* des dîmes ; quelquefois ce fut le curé ; d'autrefois celui-ci affermait aussi sa part. En échange, l'Abbaye de Juvigny devait fournir annuellement un « mâle taureau » à la communauté d'Epiez, pour sa « herde » ou troupeau. Comme les religieuses avaient à Epiez des terres et un fermier, c'est celui-ci qui était souvent chargé du soin de fournir cet animal, bien qu'en principe, les habitants devaient « venir le quérir à Juvigny. »

Les religieuses de Juvigny étaient encore décimatrices à Torgny, dont elles nommaient aussi le curé.

En outre, une catégorie spéciale de dîmes était ce qu'on appelait les *dîmes novales,* c'est-à-dire celles perçues sur les terres « novales », ou nouvellement défrichées et mises en labour ; elles appartenaient en entier au curé dans l'étendue de sa paroisse. Leur perception donna lieu en 1730 à un long et acrimonieux procès devant le baillage d'Etain, entre le curé d'alors, Jean-François Gobert, et les religieuses de Juvigny qui s'en étaient approprié la moitié au ban du Débat, au trou de la Roue et sur trois chenevières, « autrefois en masures, » situées prés du chemin d'Urbule. De son côté, le curé prétendait qu'elles lui étaient dues en totalité, puisqu'elles provenaient de terrains cultivés depuis peu. Après des enquêtes, rapports, ordonnances, exploits, qui rempliraient des volumes et durèrent trois ans, une sentence intervint qui débouta le curé de sa demande, sauf en ce qui concernait les trois chenevières, et le condamna aux trois quarts des dépens.

Après la dîme, les *tailles,* parmi lesquelles, il y avait les *vingtièmes,* impôt en argent sur tous les revenus, établi depuis 1749 seulement, par le duc de Lorraine ; la *subvention,* impôt foncier qui ne grevait que les biens de roture, et dont beaucoup de fermiers des seigneurs étaient dispensés.

Des habitants du village, dits *asseyeurs des tailles,* étaient chargés d'établir des rôles pour la répartition de ces impôts.

Il y avait aussi à Epiez un bureau de *la Foraine.* On appelait ainsi les droits perçus par le *Directeur général des Entrées et Sorties* de Lorraine, ou la *Ferme générale* de Lorraine, sur certaines marchandises qui entraient dans la province, en sortaient, ou simplement la traversaient. Or, beaucoup de voitures passaient à ce bureau, Epiez se trouvant sur la route qui allait du Verdunois vers le Luxembourg ; c'était principalement les fers de la fonderie de Charency (France), qui traversaient cette pointe du Barrois, et inversement les produits des forges et fourneaux du Luxembourg qui entraient. Comme on s'est ingénié de tout temps à frauder les droits du fisc, des voituriers avisés, pour éviter de passer à Epiez, suivaient le chemin qui mène à Urbule, et qui était mitoyen entre les deux communautés de Vezin et d'Epiez. Aussi en 1773 le receveur du bureau de la Foraine d'Epiez, qu'on appelait le *buraliste*, s'adressa à l'Intendant de Lorraine, pour lui signaler le tort qu'on faisait ainsi à la Ferme. Mais sa requête fut rejetée par M. de la Galaizière, sur les explications des communautés, que ce chemin ne servait qu'à se rendre sur les terres d'aisance, et non à sortir de la province...

Outre ces impôts qui revenaient aux ducs, nous aurons à parler plus loin des redevances payées aux seigneurs.

Au point de vue spirituel, la paroisse d'Epiez était une *Cure* proprement dite, avec *bénéfice*. L'abbesse de Juvigny, à qui appartenait le bénéfice, nommait le titulaire, qui portait le nom de *vicaire perpétuel d'Epiez ;* car ce couvent, qui avait administré autrefois la paroisse, avait gardé le titre de « curé primitif », avec le droit de nomination ou *patronage*. Le bénéfice conféré consistait dans la jouissance de certains biens situés sur le territoire de la communauté, à charge d'entretenir l'église et de secourir les pauvres ; aussi le curé avait toujours ou un petit train de culture ou un fermier. Les « terres de la Cure » étaient situées derrière le presbytère (actuellement la maison d'école).

C'était le curé qui consignait les naissances, mariages et décès de ses paroissiens, sur un registre qui lui était fourni d'abord par l'officier de la haute justice d'Epiez, puis, à partir de 1766, par le lieutenant-général du baillage ; il devait alors être tenu en double copie, dont une était retournée au greffe du baillage, à la fin de l'année.

Jusqu'en 1789, la paroisse d'Epiez fut du diocèse de Trêves. Les suffragants (coadjuteurs) des évêques de Trêves, vinrent confirmer plusieurs fois à Epiez, au xviiiᵉ siècle. En 1741, ce fut Mgr de Nalbach, évêque d'Emmaüs, qui consacra en même temps l'église et le maître-autel ; en 1751 Mgr de Hontheim et en 1784 Mgr d'Ascalon.

Nous avons pu retrouver les noms d'un certain nombre de curés d'Epiez ; ce sont : Gilles Rennesson, 1676, 1688 ; Jean François Gobert, 1714, 1733 ; Jean Joseph Villez, 1752 ; A. François, 1762 ; G. Génin, 1764, 1766 ; Jean-Joseph Noirjean, qui, ayant refusé de prêter serment en 1792, quitta le pays pour se réfugier en Luxembourg et fut remplacé par Jean Joseph Lantenoy, curé constitutionnel; ce dernier resta jusqu'en l'an X.

Réunie à titre d'annexe à celle de Charency-Vezin en 1808, la paroisse d'Epiez fut, pendant tout le temps que la commune fit partie du département de la Moselle, du diocèse de Metz, et depuis 1871, de celui de Nancy et de Toul.

Il y a en France un autre village du nom d'Epiez, situé près de Vaucouleurs, sur la rive gauche de la Meuse et autrefois du Barrois mouvant.

LA

SEIGNEURIE DE MANTEVILLE

I

Un *fief* — feodum en latin — était un domaine ou une terre qui ne pouvait être possédée que « par personnes nobles » ; par opposition, on désignait par *biens de roture* ceux auxquels n'était attaché aucun privilège et qui pouvaient appartenir indifféremment aux nobles ou aux non nobles.

Une *seigneurie* était l'ensemble de l'autorité et de la jouissance de certains droits (droits seigneuriaux) sur les personnes et sur les choses d'un fief. C'était, en un mot, un tout petit état ou gouvernement dont le possesseur s'appelait *le seigneur* — de senior, vieillard, homme respectable, — ou *la dame*, s'il s'agissait d'une femme.

Les fiefs et seigneuries se transmettaient par héritage, échange, vente, sous réserve de remplir certaines conditions imposées par la Coutume, et, par suite, on en arrivait souvent à les diviser au point qu'il n'était pas rare d'en posséder un quart, un huitième, et même un cinquième dans un trente-deuxième, par exemple.

Chaque seigneur était *vassal*, c'est-à-dire relevait ou dépendait, d'un seigneur féodal plus élevé auquel il devait *rendre foy* (fidélité) *et hommage,* soit en prenant possession de son fief, soit quand le seigneur féodal était nouveau, et même chaque fois que celui-ci le « sommait » de le faire, afin de connaître l'état, la nature, la qualité et la consistance des fiefs de ses vassaux. Cette dépendance s'appelait encore *mouvance.*

Il y avait un cérémonial pour celui qui venait rendre ses foi et hommage : il se présentait en la chambre du Conseil, « sans baudrier, ceinture, espée ny esprons, précédé du greffier et du premier huissier, et, estant à genoux sur un carreau, les mains jointes, lecture faite du mémoire par luy donné contenant à quel titre il possède son fief et faict les foy et hommage deus, promettait foy, loyauté et service envers et contre tous et se comporter comme bon et fidel vassal lige est tenu faire envers son souverain seigneur. » Mais nous ignorons si cette imposante formalité était toujours remplie à la lettre, surtout à la fin du xviii⁰ siècle.

Le vassal qui avait été reçu en foi et hommage par son suzerain, était tenu de lui donner dans les quarante jours suivants son *aveu et dénombrement,* c'est-à-dire l'énumération détaillée et écrite de tout ce qu'il possédait en fiefs et droits seigneuriaux, faute de quoi le seigneur féodal pouvait saisir ceux-ci et les « mettre en ses mains » et, pour rentrer en leur possession, il fallait obtenir « main levée. » Ce dénombrement était ensuite affiché pendant trois dimanches consécutifs à la porte de l'église, à l'issue des messes paroissiales, ainsi qu'à la porte de la maison seigneuriale ou de la chambre servant d'auditoire, afin de permettre aux intéressés de faire leurs observations et réclamations sur les parties qu'ils jugeaient inexactes ou erronées et qui pouvaient porter atteinte à leurs droits.

Quand un fief ou une seigneurie changeait de propriétaire, par suite d'héritage, de vente ou d'échange, le nouveau

DE PAR SON ALTESSE ROYALE

ES PRESIDENT GENS DU CONSEIL ET DES COMPTES
du Duché de Bar, Ayant receu Ordre de Sadite ALTESSE par sa Lettre
de Cachet du dix-huitiéme Janvier dernier, De mander & convoquer tous
les Vassaux du Barrois non mouvant, pour luy aller faire en la Ville de Nancy
les Foys, Homages & Sermens de fidelité, qu'ils doivent à Sadite ALTESSE
comme à leur Souverain Seigneur, à quoy ils seront receus pendant l'espace
de six mois, à commencer depuis le premier du present mois de Février:
A CES CAUSES; NOUS Mandons & Ordonnons à tous les Vassaux
du Barrois non mouvant, d'aller en la Ville de Nancy faire les Foys & Homages, & Sermens
de fidelité à SON ALTESSE ROYALE, comme à leur Souverain Seigneur, dans l'espace de six mois, à commencer du premier jour du present mois de Février, aprés lequel
temps ils n'y seront plus écoutez. Et parce qu'il est necessaire de connoistre l'estat, nature,
qualité & consistance des Fiefs dudit Duché, Ils porteront en allant faire leurs Foys & Homages, les Titres constitutifs de la proprieté des Fiefs, Terres, & Seigneuries qu'ils posse-
dent, avec les dernieres Reprises qu'ils en ont fait; le tout & en défaut de satisfaire par
tous lesdits Vassaux dudit Duché à la presente Ordonnance, il sera procedé contre eux con-
formement à la coûtume, & seront les Presentes publiées & affichées en la maniere accoû-
tumée, par tout où il appartiendra, afin que personne n'en pretende cause d'ignorance.
FAIT à Bar en la Chambre du Conseil & des Comptes du Duché de Bar, le dix-septiéme
Février mil six cens quatre-vingt dix-neuf.
Messieurs D'ALENÇON President, CAMUS, JOBART, DE LESCAMOUSSIER,
CACHEDENIER, JOBART, BOUVET, HANNEL, DEBAR, & DE LA MORRE
presens.

ORDONNANCE RENDUE SOUS LE DUC LÉOPOLD

RELATIVEMENT AUX FOI ET HOMMAGE.

Dimensions du placard original : 0,26×0,17.

(Archives de Manleville.)

seigneur devait encore prêter foi et hommage et fournir un dénombrement ; c'est ce qui s'appelait *faire ses reprises.*

Les dénombrements sont très importants pour l'histoire des familles, car ce sont souvent les seuls actes qui soient restés, concernant les fiefs au moyen-âge ; nous aurons fréquemment occasion d'en citer.

Le principal attribut du pouvoir seigneurial était de rendre la justice sur l'étendue du fief ; on distinguait la *haute*, la *moyenne* et la *basse justice.* La basse justice était relative aux contestations sur les droits dus au seigneur, la moyenne justice aux actions civiles et criminelles jusqu'à une certaine somme, et la haute justice à toutes les autres affaires civiles et criminelles, excepté les cas de lèse-majesté. Leur ensemble était appelé *justice seigneuriale,* et le seigneur qui les détenait toutes les trois était dit *seigneur haut justicier ;* il avait à cet effet un officier-juge-garde, un procureur d'office, un greffier et un sergent ; de plus, il lui était permis d'élever sur ses terres un *signe patibulaire* ou *fourches patibulaires,* pour exécuter les jugements rendus, mais aussi, et surtout, pour montrer à tous sa qualité et ses droits. Car les seigneurs haut-justiciers étaient toujours très fiers et très jaloux de cette éminente prérogative.

Outre les amendes prononcées par les officiers-juges et qui étaient pour le seigneur, les autres droits sur les gens comprenaient certaines redevances en nature ou en argent appelées « droits de bourgeoisie » ou « d'assises ». Les principaux droits sur les choses étaient ceux perçus pour le moulin banal, pour le four banal, (banal : à l'usage de tous les habitants du ban) ; le droit de « terrage », impôt en nature sur les terres de roture dont la jouissance avait été concédée autrefois pour toujours, et payé aussi par les seigneurs qui possédaient de ces terres ; le droit de « taverne » ou de « cabaretage », dû par ceux qui vendaient du vin ou de la bière. Le seigneur qui ne possédait que ces droits, dits fonciers, et que ceux de basse justice, ou justice foncière, était dit *seigneur foncier*.

La prise de possession d'un fief ou d'une seigneurie se faisait d'une façon officielle et manifeste, si nous en croyons les actes spéciaux qui les relatent : un officier du baillage se transportait sur place avec le nouveau seigneur, et, en présence de témoins, lui remettait la clef de la porte du château, ou de la maison seigneuriale, où même, à leur défaut, du four ou du moulin banal, qu'il fermait et ouvrait ostensiblement ; pour un haut-justicier, le greffier lui représentait les registres du greffe, dont, « en signe de possession de ses droits de haute justice », il demandait l'exhibition. Souvent, quand il s'agissait d'une prise de possession par suite de décès, le curé présentait la corde des cloches au nouveau seigneur qui les mettait en branle, après quoi on continuait à les faire sonner en volée pour avertir le public de cette sorte de transmission des pouvoirs ; enfin le maire était sommé de reconnaître le nouveau maître, et d'en informer les habitants.

Le seigneur avait aussi droit à certains honneurs sur l'étendue de son domaine : ainsi, il lui revenait la première place à l'église et aux cérémonies religieuses ; quand il sortait, on lui devait le salut, les hommes, du chapeau, les femmes, d'une révérence.

A côté de ces avantages honorifiques et matériels — ces derniers le plus souvent conséquence de concessions territoriales faites autrefois — qui faisaient des seigneurs des sortes de petits souverains, il y avait des charges et des devoirs. Et si ces derniers, à l'origine très sérieux, avaient, à la fin du xviiie siècle perdu presque toute leur importance, il faut reconnaître, qu'en échange, les seigneurs et leur famille faisaient beaucoup de bien à leurs sujets qui étaient toujours assurés de trouver auprès d'eux aide et secours dans l'infortune.

II

Le fief de Manteville relevait directement des comtes, puis ducs de Bar, depuis la fin du xiii° siècle ; antérieurement il semble qu'il devait dépendre, pendant un certain temps du moins, des sires de Mussy, comme cela paraît résulter du document suivant, où il s'agit certainement de la cession de la mouvance et non de la cession du fief proprement dit. Cet acte est le plus ancien que nous ayons vu sur Manteville :

« Je Jehans de Mucey escuiers fais savoir à touz que jeai vendu octroiei et quitei à touz jors mais à Henry de Bar, fil noble home Thyebaut conte de Bar, le fies (fief) d'Espyers et de Manteville et les apandises d'icels louz (lieu), liquels fies muet (meut) de moi, por sexante livres de tornois que je ai au et receu dou dit Henry en bons deniers contans, et en doi faire venir ceuz qui tienent les choses davant dites à l'omaige le dit Henry et repanre de lui et len doi porter loiaul garantie envers touz ceux qui à droit en vourraient venir ; et me suis desvestuz dou dit fies et en ai envestu le dit Henry ; liquels fies doit trois mois de garde. En tesmoingnaige de laqueil chose je ai priei et requis home religious et honeste frère Pierre, par la permission de Deu abbé de Chasteillon de l'ordre de Cytiaus, et mon signor Robert, doyen de la crestientei de Marville, quil meissent lor scels en cez presantes letres en tesmoingnaige de véritei. Et nos, li davant dit abbes et doiens, avons mis nos scels en ces letres à la prière et requeste dou davant dit Jehan en tesmoingnaige de véritei. Ce fu fait lan de graice mil dou cenz et quatre vinz, le josdi davant pasques flories ». (11 avril 1280. n. st.).

On voit qu'Epiez et Manteville ne formaient alors qu'un même fief ; il dut en être ainsi jusqu'au xiv° siècle, époque probable de la construction du château, et peut-être aussi de l'origine de la famille de Manteville. Au xv° siècle les deux seigneuries étaient distinctes ; mais, comme elles restèrent intimement liées par leurs territoires et par ce fait que les seigneurs de Manteville furent en même temps presque toujours seigneurs d'Epiez, au moins en partie, nous serons forcément appelés à parler simultanément de l'une et de l'autre.

Toutes deux étaient de haute, moyenne et basse justice. Voici un dénombrement fourni pour Manteville en 1700 par Eléonore du Hautoy, à la mort de son mari Mathieu de Manteville, et qui indique d'une façon claire l'énumération des droits et la consistance de cette seigneurie.

« Je, Eléonore du Hautoy, Dame de Manteville, fais assavoir et cognaissance à tous que je tiens et advoue tenir en fief foy et hommage de son Altesse Royale, Duc de Lorraine, Marchis, Duc de Calabre, Bar, etc..., mon très redouté et souverain Seigneur, à cause de son Duché de Bar, en la prévosté et châtellenie de Longuyon, la terre et seigneurie entière de Manteville, qui consiste dans les choses cy-après déclarées : Premièrement, j'ay droit de haute, moyenne et basse justice et de jouyr de toutes sortes d'amendes, espaves, confiscations et forfaitures ; ensemble de troupeau à part et généralement de tous les droits dont jouyssent les seigneurs hauts justiciers ; et ay mesme droit de créer un sergent forestier juré pour garder les bois et autres bien champestres, à ce de faire rapport de tous les mesus et délicts, pour y asseoir les amandes selon les démérites. Item, m'appartient la totalité en la rivière dudit Manteville de mesme comme au bois dudit lieu qui contient cent et huit arpens ou environ ; item, la maison forte dudit

Manteville avec le colombier, basse-court et bastiments, jardins, enclos, meix et une chennevière contenant environ neuf quarts avec autres dépendances, et les terres arables qui consistent en deux cents trente jours ou environ, aux trois saisons ; item, trente cinq faulchés et demy de preys ou environ, outre le pastural nommé les Hats contenant huit faulchés, sans y comprendre le traye (friche) qui sert pour la sortye et l'entrée des bestes ; item, un certain lieu dit les Aulnez où d'ancienneté estait un moulin et un petit estang. »

Tous les dénombrements concernant un même fief, fournis à des époques différentes, étaient la reproduction des précédents. Ceux plus anciens, du xvᵉ siècle, par exemple, sont d'une forme plus archaïque et accusent davantage l'autorité du seigneur : « la seigneurie de Manteville à savoir, en hommes, en femmes, en cens, en rentes, en amendes, attrahières, confiscations, etc... »

Quelques-uns de ces mots demandent à être expliqués : « épaves » signifie : choses ou bêtes trouvées sans propriétaire ; « confiscations » : confiscation de biens vacants ; « forfaiture : fief confisqué à un vassal qui a forfait ; « attrahières » : biens qu'on s'approprie sur les criminels ou sur les aubains (étrangers) ; « cens » : redevance en argent due sur certaines terres ; « troupeau à part » : faculté d'envoyer son bétail paître en troupeau séparé et dans des endroits réservés ; « mesus » : abus, infractions ; « la totalité de la rivière et du bois de Manteville » ; le seigneur y avait seul le droit de pêche et de chasse ; « meix » : jardin ; « chennevière » ; terre de très bonne qualité où on cultivait du chanvre ; le « jour » vaut 31 ares 66 ; il se divise en quarts et le quart en verges ou vergerons, et s'emploie pour les terres arables ; la « faulchée » a la même contenance et se dit pour les prés ; l'arpent, mesure pour les bois, était de deux sortes : l'arpent de Lorraine, dont se servait la maî-

trise des Eaux et Forêts, vaut 20 ares 44 ; celui en usage dans le
pays compte presque le double ; 39 ares environ (cent perches
de dix-neuf pieds quatre poulces de Roy).

Un dénombrement de Philippe-Raphaël de Manteville, daté
de 1769, précise les droits du haut-justicier : « item, m'appartient... et à mon frère... la création et nomination d'un officier juge-garde, d'un procureur d'office et d'un sergent, qui
ont la connaissance et jugement de toutes les actions personnelles, réelles et mixtes et de la grurie, et dont les appels se portent au bailliage de Longuion et en dernier ressort
en la cour souveraine de Lorraine et Barrois ; connaissent
aussy des matières criminelles et l'appel de leur sentence se
porte, omisso medio, en laditte cour souveraine ; connaissent
pareillement de la police et des tutelles. Avons aussy, fourches patibulaires existentes. ».

L'officier juge était quelquefois le gruyer, ou encore un
avocat de Longuyon, ou bien un officier de cette prévôté ou
de celle de Marville ; aussi, comme il ne pouvait pas se dé-
placer pour toutes les affaires, le seigneur le faisait seconder
pour les informations et visites de lieux par un juge-commis
qui était souvent le sergent. Le greffier était parfois aussi le
même pour la gruerie et pour l'une ou l'autre des seigneuries ;
aussi, dans ce cas, ses archives étaient-elles des plus variées:
procédures criminelles, rapports des mesus champêtres, ascen-
sement des terres d'aisance, prises de possession, déclarations
de grossesse, informations de vie et de mœurs, délivrances
d'affouage et d'arbres, causes de gruerie, etc..., marteau pour
marquer les coupes, fer pour la glandée, etc...

Les revenus de la seigneurie de Manteville ne devaient pas
être très élevés, ni surtout très assurés; ils ne comprenaient
guère en effet que les amendes pour délits commis sur son

ban, et aucune redevance fixe, du moins dans les derniers siècles; il n'en était pas de même pour la seigneurie d'Epiez, plus importante comme rentes, puisqu'elle avait les habitants du village; voici l'énumération des droits qui y étaient attachés, d'après deux dénombrements, l'un de 1780, l'autre de 1769, qui ne sont que la reproduction de plus anciens : « le droit au four et au moulin, à la rivière, taverne, comme aussi au bois de la Poullette, arenté aux bourgeois dudit lieu, moyennant que chaque bourgeois doivent par an un cartel de bled froment mesure de Bar, lequel bois contient quarente arpens. Item, chaque bourgeois résidens ou forains doivent deux poulles et un gros en argent que le maire est obligé de faire lever et juger si lesdits grains et poulles sont recevables, payable le lendemain de Noël; item, le terrage, les amandes, confiscations et attrahaires et tous droits qui peuvent être attribués à la haute justice... »

« ... Le droit de pressoir... le tiers denier de toutes les ventes qui se font des biens et droits de communautés tant ordinaires qu'en grurie; item, le terrage qui consiste à deux gerbes dans trente-cinq, dont les cultivateurs en prennent trente, la dixme trois et le terrage deux; item, le four banal ou on paye le vingt-quatrième, délaissé (loué) pour dix écus (à trois livres) par an; item, le moulin auquel les habitans d'Epiez sont banniers et auquel on perçoit le vingt-quatrième pour la mouture, affermé vingt-neuf écus de France et quatre chapons. »

Le four, le moulin et même souvent la pêche de la rivière étaient affermés, ce qui permettait aux seigneurs à qui revenaient ces produits, de les céder à d'autres, comme cela se faisait aussi pour la dîme.

Voici, à titre de curiosité, la recette de la seigneurie d'Epiez de l'année 1621 :

« Premièrement tous bourgeois paient par chacun an aux seigneurs ung gros et deux poulles de bourgeoisie et sont en
nombre de trente et trois et demy (les veuves ne payaient
que moitié), partant en argent icy . . . . . . 33 gros et dy

    Et en poulles. . . . . 67 poulles

Doibvent encorre chacun bourgeois à cause
    du bois de la poullette pour assises, ung
    cartel froment mesure de Verton, partant
    icy . . . . 33 cartels et dy

Les bourgeoisies difforaines sont en nom-
    de six . . . . 6 gros

Les amandes de Loy ont monté selon le
    compte de la Justice à 14 francs huict
    gros et déduict le cinquiesme pour leur
    droist, vient aux seigneurs, icy . . . . . . 11 fr. 8 gr.

Item les amandes d'oppositions ont monté
    à sept gros et demy . . . . 7 gros et dy

Item les amandes haultes du rouge vestu 10 fr.
    et de Claude le vieux pour avoir moulu
    hors ban. . . . . 30 gros

Item du four selon l'oultrée (location)
    faiste à Remond Nicolas pour trois ans
    parmy paiant (moyennant) par an icy . . 105 fr.

Pour la 3ᵉ année vient à roultrer . . . . . . 65 fr.

La rivière le sergent doibt paier . . . . . . 12 fr.

Le moulin que tient à présent Arnould
    Guichart parmy paiant par an . . . . . . 24 fr.

    Et chappons . . . . 4 chappons

Des saulx percrus sur la rivière selon l'oul-
    trée faicte à Chenet Jean Thiery pour
    six ans par an, icy, 2ᵉ année . . . . 5 fr.

De Raulet Milet pour la taverne et brasserie selon l'oultrée à luy faicte pour

neuf ans, par an icy . . . . 45 fr.

Nihil du pressoir à poires pour ceste année »

Pendant quelques années le terrage fut affermé pour 6 muids, par an.

Après ces revenus variables, venaient ensuite les rentes « ordinaires et non muables », c'est-à-dire dues sur certains fonds, en suite de conventions anciennes ou d'aliénations. On y trouve par exemple :

« Jean Richard sur sa teneur roier Remy Jamin doit 6 blancs. Les hoirs Chenèt Gratian, à cause de leur maison et grange, 1 chapon. »

Une autre année :

« Le Sr de Manteville pour la chesine (jardin ou champ?) venant de Jean Richart . . . . 1 gros 2 blancs

« Le Sr de Villelongue sur une faulchée de pré à la Culée des Roses . . . . 3 chappons

etc., etc... »

La moyenne annuelle de ces dernières rentes fixes était, vers cette époque, de 16 francs, 5 gros, 2 blancs, 8 chapons et 4 poules.

Le franc barrois valait 12 gros, le gros 4 blancs ; 4 gros faisaient 5 sols. On comptait encore à Epiez par livre lorraine qui valait 20 sols et le sol, douze deniers ; de plus dans cette région frontière, les monnaies des pays étrangers voisins étaient aussi admises à circuler.

Tous ces revenus ne rentraient pas toujours facilement ; ainsi en l'année 1677, où il n'y avait que 8 bourgeois et où le moulin, le four, la taverne n'avaient rien produit, « toujours plus grand désordre », écrit le mayeur, — sans doute, l'effet des guerres, — sur les 29 articles de rentes ordinaires, 11 seulement sont marqués en marge comme payés ; le curé, M. Rennesson, qui doit 2 poules, ne s'acquitte que deux ans après, mais, en compensation, ce sont des chapons qu'il apporte ! Quant à Nicolas Renaut, il a « dit haultement, en présence de ceux d'Espiey, qu'il ne voulait pas payer les cinq gros de la teneur Gérard, puisque le Sr de Villelongue ne payait pas les chappons de l'eschange qu'il avait fait ! »

Nous venons de voir qu'il y avait les « amendes hautes » et les « amendes de loi » ; les prémières devaient correspondre à la moyenne et haute justice ; les autres étaient celles des contraventions qui relevaient aussi bien des gens de justice que des officiers du seigneur ; en fait, elles étaient confondues et consignées par le greffier de la seigneurie sur le « registre des amendes », d'après les rapports du forestier ou des gens de justice, témoins ou requis par des habitants ; il y avait, bien entendu, un registre distinct par chaque seigneurie, composé de deux ou quatre feuillets de papier timbré, paraphés par l'officier-juge ; pour la seigneurie d'Epiez, les délits relevés étaient jugés en une seule fois, à la fin de chaque année, après que le rôle en avait été publié et lu le dimanche précédent, devant l'église, à la sortie de la messe paroissiale ; l'officier juge, en présence des autres officiers, du maire et de la communauté convoquée en la chambre d'auditoire, « taxait les amendes » pour chaque contravention, sauf appel ou opposition : le procureur fiscal était chargé du recouvrement ; les délits relevés étaient toujours les mêmes : bêtes échappées dans les champs, rixes, injures : celles-ci étaient fréquentes au four banal et au moulin banal ; même, à ce propos, en 1723, — année où les amendes s'étaient élevées à 133 fr. ! — l'officier juge fut obligé de « faire injonction aux particuliers de ne se mesdire ny mefaire à l'avenir, soit dans le four banal, moulin banal, ny sur les rues, ny autres endroits, à peine de dix francs d'amende, » et de leur « défendre aussy, sous les mesmes peines, de se donner des noms captieux et offençaus ! »

Le signe de la haute justice, ou signe patibulaire, était situé au nord, sur le plateau dominant le village, « sur les limites d'Epiez et de la terre de la Folie », au lieu dit encore actuellement la *Potence* ou *le Haut des Fourches*. Erigé primitivement quand Epiez et Manteville ne formaient qu'un même fief, il était resté dans la suite commun aux deux seigneuries. Dans un dénombrement du 20 juin 1573, il est dit « qu'en la seigneurie de Manteville il y avait haute justice érigée et droicte qui a esté abatue par les français durant les guerres, laquelle estait commune aux seigneurs dudit Manteville et Espiey. »

Plusieurs fois, en effet, ceux-ci durent demander au duc de Lorraine l'autorisation de rétablir le signe patibulaire, soit parce qu'il avait été renversé comme dans le cas précédent, soit qu'il fût tombé de lui-même par vétusté. Cela prouve qu'on ne s'en servait guère! En fait de procès criminel, nous n'avons trouvé trace que de celui fait par la justice de Manteville contre un nommé Jean l'Allemand, le 4 Mai 1577 : en 1735, la justice d'Epiez en instruisit un qui fut probablement le dernier, au moins jusqu'en 1784.

Urbule et la Folie étaient aussi des fiefs, mais de bien moindre importance, et ne comportant que la justice foncière. Voici, d'après un dénombrement de 1780, quelle était leur consistance :

« Il m'appartient la seigneurie foncière du Rebulle. Item, les amendes foncières commises sur le banc et terroir dudit Rebulle, desquelles amendes les demeurant audit Rebulle font toutes les reprises contre les déliquants et les ramènent audit Rebulle, dont ils ne sortent jusqu'au payement de ladite amende et intérèts par eux causé. Item, il m'appartient une maison, cour et basse-cour, jardin potager entouré de fossés remplis ; item, un verger et enclos entouré de haye et muraille ; item six vingt jours de terre en trois saisons ensemble, royer le ban de Charency et Vezin et celui d'Epiez.

Item, la seigneurie foncière de la Folie, au-dessus de Manteville, consistant en une mazure et en quatre-vingt jours de terre arable, non compris ce que les habitants de Torgny nous ont usurpé (champ du Débat), royer le ban de Torgny d'une part et celui d'Epiez d'autre, aboutissant sur les bois de Manteville, cinq quarts de prés situés sur la rivière de Chiere, et vingt-cinq arpents de bois situés dans les bois d'Epiez, communément appelé le Bois-la-Dame ; les amendes commises aux dits bois et terre appartenant aux seigneurs seuls. »

Ces deux seigneuries firent toujours partie des mêmes prévoté et bailliage que Manteville, sauf toutefois au xviiᵉ siècle ou Urbulle fut, pendant quelque temps, du bailliage d'Etain, et par conséquent relevant de la Couronne.

Nous parlerons des seigneurs d'Epiez en même temps que de ceux de Manteville. Pour Urbule et la Folie, voici les noms que nous avons relevés de quelques-uns des possesseurs de ces fiefs :

François de Custine et Adam d'Awameix étaient seigneurs d'Urbule en 1445 ; Françoise de Tonne-le-Thil en 1463 ; Guillaume d'Awameix de 1487 à 1499 ; Gérard d'Awameix en 1509 ; Marguerite de Baclain en 1573 ; Richier de Sermonne en 1626 ; Jacques François de Camus, écuyer, seigneur d'Urbule et y demeurant en 1683, mort en 1727 ; Pierre Lallement, en 1778, et de 1778 à la Révolution, le baron de Reumont.

Les de Manteville furent presque de tout temps seigneurs en partie de la Folie ; avec eux, nous voyons François de Custine et Adam d'Awameix en 1445, Henry de Custine en 1495 ; Pierre Lallement en 1738, et enfin, le comte de Briey, M. de la Claireau et le baron de Reumont, jusqu'à la Révolution.

des Bernard.
de Manteville.
de Bouvigny.
de Chamissot.
d'Erize.
du Faing.
de Gourey.
du Hautoy.
de Housse.
de Laitres.
de la Marck.
de Pouilly.
de Roucel.
de Suys.
de Thonne-le-Thil.
de Tige.
de St-Vincent.
de Wal.
de Wopersnow.
de Reumont.
de Xonot.
Ed. des Robert fecit.

LES

SEIGNEURS DE MANTEVILLE

C'est en 1287 que nous trouvons pour la première fois un seigneur de Manteville dans les documents les plus anciens connus ; en effet, le jeudi après Pâques de cette année-là, furent faits les « reprises ou dénombrements d'Espiey et Manteville et le ban Saint-Remy » par Bouchard de Velly, chevalier, « seigneur » desdits lieux. Ce nom ne reparaît plus dans la suite et, depuis 1381 jusqu'en 1767, ce sont les de Manteville qui furent seigneurs de cette terre, en totalité ou en partie, et habitèrent la maison forte, puis, de 1767 jusqu'à la Révolution, le baron de Reumont.

Nous allons donc donner la généalogie historique de la famille de Manteville, en mentionnant, en même temps que ceux de ses membres qui ne possédèrent qu'une partie du fief, les noms de leurs « co-seigneurs » ou « comparsonniers », en suite d'héritage, de cession ou d'échange. Nous citerons aussi les seigneurs d'Epiez que nous connaissons, puis nous terminerons en parlant du baron de Reumont, qui fut le dernier seigneur et châtelain de Manteville pendant les années troublées de la fin du xviii° siècle.

Ce faisant, nous serons heureux de rendre un hommage mérité aux vieilles familles — presque toutes éteintes aujourd'hui — de ce coin de Lorraine qu'elles ont habité, non sans gloire, pendant plusieurs siècles et où elles ont laissé de nombreuses traces de leurs bienfaits.

I

LES DE MANTEVILLE

Les de Manteville tirent leur nom de leur domaine de Manteville, en Lorraine. Peut-être sont-ils les descendants de Bouchard de Velly, qui auraient pris le nom de leur fief quand ils y fixèrent leur résidence ?

Ils ont toujours et partout été qualifiés, écuyers, chevaliers et surtout « honorés seigneurs » ; ce dernier titre était considéré comme supérieur aux deux premiers et réservé aux seuls membres des maisons d'ancienne chevalerie. Pendant quatre siècles, dix générations habitèrent de père en fils et sans interruption le château familial, ce qui est un fait assez rare pour être noté. Tous s'allièrent aux plus anciennes familles du pays, et les fiefs qu'ils possédèrent, eux ou leurs femmes, sont groupés sur les confins de la Lorraine et du Luxembourg — ce dernier pays étant entendu tel qu'il était autrefois, c'est-à-dire comprenant, outre le Grand-Duché, le Luxembourg belge actuel et quelques villages français — ; nous nous contenterons donc d'indiquer ces fiefs par leur nom, et ne désignerons plus explicitement que ceux qui, par exception, sont dans une région plus éloignée.

Les de Manteville portaient pour armes « d'or à la tour de gueules, maçonnée de sable. »

Tenants : deux lévriers affrontés.

Cimier : la tour de l'écusson.

Ils ne furent jamais titrés, bien que l'aîné de la famille, au XVIIIᵉ siècle, portât un cachet dont l'écu était surmonté d'une couronne de comte ; le cadet, lui, avait sur le sien la couronne de noblesse.

Il y a eu, en Franche-Comté, une autre famille de Manteville, éteinte aussi, croyons-nous, et qui blasonnait : d'or à 3 molettes de sable ; nous n'avons rien trouvé qui permit de la rattacher à celle de Lorraine, dont nous la pensons être tout à fait différente.

L'abbé Welter, curé d'Ethe, puis de Chenois, en Luxembourg, mort en 1823, qui s'est beaucoup occupé des familles de ce pays, a laissé sur les de Manteville des notes très intéressantes qu'il avait copiées sur des feuilles volantes écrites en caractères gothiques, et constituant leur filiation depuis 1450, environ, avec quelques lacunes toutefois ; M. L. Schaudel a publié en 1890, dans ses *Anciens Seigneurs de Breux*, une notice généalogique succincte faite d'après ces données. Les nombreux documents que nous avons consultés nous ont permis de la vérifier, de l'augmenter et d'établir une généalogie à peu près complète depuis 1380, à laquelle nous avons ajouté, tous les détails que nous avons trouvés sur les différentes branches de cette famille.

1ᵉʳ *degré connu*

Les premiers membres dont le nom nous soit resté sont Catherine et Marguerite de Manteville, qui vivaient avant 1380. Elles étaient « dames héréditables » de la terre et seigneurie d'Epiez-le-Bas et de Manteville. Le 20 juin 1381, elles vendent à

Gérard de Thonne-le-Thil, la seigneurie d'Epiez. En 1388, elles font avec Huet et Colard de Mercy, « un appoinctement touchant le terraige d'Espiey ». Un peu plus tard, en 1391, elles cèdent à Richier de Luz, prévôt de Marville pour le duc de Luxembourg, et à Simonette sa femme, savoir : Marguerite sa part de la seigneurie d'Epiez-le-Bas et de Manteville et Catherine, seulement sa part dans Epiez-le-Bas. Il semble donc qu'à cette époque Epiez-le-Bas, formait avec Manteville une même seigneurie, distincte de celle d'Epiez (la Haute).

Marguerite épousa Jaquet Pintault ; quant à Catherine, elle ne dut pas se marier ; elle avait donné, le 1er février 1384, sa part de Manteville, soit la moitié, « à son neveu Jehan de Manteville ». Catherine et Marguerite avaient par conséquent un frère dont le prénom ne nous est pas connu, non plus que le nom de sa femme ; tout ce que nous savons, c'est qu'ils « furent sépulturez à Epiez » ; leur fils Jehan suit, ci-après :

2e degré

Jehan Ier de Manteville, seigneur de Manteville pour moitié.
Il épousa Poincette N... (Poincette, féminin de Ponce).
Ils ont eu deux fils et deux filles :
1° *Alexandre*, qui continue la descendance ci-après ;
2° *Guillaume*, marié à N..., dont il eut une fille nommée Marie ou Mariette.
3° *Mahault*.
4° *Sébille*.

3e degré

Alexandre Ier de Manteville.
Il fut prévôt de Marville pour le duc de Luxembourg de 1444 à 1473, au moins ; Henri de Bouligny (ou de Boulizy) était alors prévôt pour le duc de Bar.

Il fit partie du Conseil des duchés de Luxembourg et de Bar, qui était chargé de l'administration des terres communes; c'est ce que l'on appelait les « assises de Marville. »

Ayant rendu des services aux troupes du duc de Bourgogne, Philippe-le-Bon, et d'Elisabeth de Gœrlitz, duchesse de Brabant, sa tante, quand elles vinrent guerroyer dans le Luxembourg, il reçut du duc des sommes d'argent, en dédommagement des dépenses qu'il avait faites à ce sujet. Voici les lettres patentes, datées du « Chastel de Hedin » le 22 juillet 1457, par lesquelles Philippe-le-Bon lui octroye ces sommes, et qui nous apprennent en même temps ce qu'Alexandre de Manteville avait fait :

« Philippe, par la grâce de Dieu, ducq de Bourgogne, etc... A tous ceulx quy ces présentes lettres verront, salut. Comme notre bien amé Alexandre de Manteville, escuyer, notre prévost de Marville au pays de Luxembourg, se soit nagaires trait par devers nous et nous a fuict exposer comment feu messire Cornille bastard de Bourgoigne, en son vivant gouverneur du duchié de Luxembourg et conté de Chiny, en l'an mil iiij c. x l i i i j (1444), loga au dit lieu de Marville quy est place de frontière, et en icelle, pour faire guerre et résister aux ennemis, se tint par l'espace de sept à huict mois, pendant lequel temps ledict exposant bailla, délivra, et administra au dict deffunct touttes utensiles d'ostel, comme linge, lis, vaisselle d'estain, bois à ardoir et générallement touttes aultres choses appartenans et servans à l'estat dudict deffunct, et pour lesdits chevaux bailla et délivra touttes choses nécessaires pour leur victuaille, excepté seullement avoine ; or est-il ainsi que à ceste cause ledict exposant a très grandement fraie, comme chacun peult imaginer, dont il n'a eu quelconque payement, solucion ou recompensation. Car du vivant dudict deffunct, ledit exposant ne fist oncque quelque poursuyte par devers luy pour en recouvrer paiement, soy confiant d'icelluy deffunct et espérant qu'yl le rémunérait bien de ce que dict est, ainsy qu'yl eust bien peu faire s'il eust volue, ce que non ; mais est allez de vie à trespas, ledict exposant non payé ne rémunéré des fraiz dessus dicts, en son très grand grief, intérest, préjudice et domaige, si comme il dict, requérant humblement que ce considéré, et mesmement que du temps de notre ditte tante (Elisabeth de Gœrlitz, duchesse de Brabant) et à notre première venue esdicts pays de Luxembourg et de Chiny, ledict exposant perdi de huict à neuf chevaulx pour la deffense du pays, à nous plaise de ces choses le récompenser de telle somme d'argent qu'il nous plaira et que le verrons appartenir, et icelle somme lui assigner sur nostre recepveur de Luxembourg ou ailleurs ou mieulx nous plaira ou que ladite somme que luy aurons tauxée ou ordonnée pour ladite récompensacion luy vueillons mecctre et assigner sur son dict office de prevost et en charger iceluy office quy desjà est chargez de la somme de deux cent florins de Rin, ainsi qu'yl dict, affin que s'il y avait aulcun quy voulsist avoir le dict office de prevost, il fust tenuz et astreins de rembourser ledict exposant, ou ses hoirs, en cas que il yrait de vie à trespas, desdictes sommes, avant qu'il fust receuz à l'exercice dudict office; savoir faisons que nous, les choses dessus dictes considérées, et sur icelles en l'advis de notre amé et féal chevalier, conseiller, chambellan et lieutenant de notre gouverneur de Luxembourg, messire Guillaume de Sainct-Soigne, à icelluy Alexandre de Manteville pour considération des bons et aggréables services qu'il a faiz à la dicte défunte et à nous et aussy pour et en récompensation de toutes les choses cydessus déclairées, et moyennant que d'icelles et de tout ce qu'il nous en pourrait demander à ceste cause, il quittera notre ditte tante, nous, noz hoirs et successeurs, avons de grâce espéciale, et par l'advis des gens de notre conseil, estanz lez nous, tauxé et ordonné, tauxons et ordonnons par ces présentes, prendre et avoir de nous la somme de cent florins de Rin, en la manière que sensuyt. C'est assavoir que son dict office de prévost, quy desjà est chargiez de la somme de deux cent florins de Rin, ainsy qu'il nous est apparu par certaines noz lettres patentes données à Ivoix le dernier jour d'octobre l'an mil c c c cᵉ quarante trois, sera encore oultre et pardessus ladite somme de deux cent florins, chargiez daultre somme de cent florins du Rin qui sont en tout trois cents florins du Rin, dont voulons icelluy office estre et demeurer chargé au prouffict dudict exposant tout ainsy et par la forme et manière qu'il estait et a esté jusques alors de la devant ditte somme de 200 fl. de Rin par vertu de nos dittes aultres lettres, lesquelles voulons estre d'un tel effect et valeur comme si elles fussent données depuis le trespas de nôtre dite tante, et que sommes venuz à la seigneurie et avons été receuz pour seigneur gaigier desdicts pays de Luxembourg et de Chiny. Si donnons en mandement à noz lieutenant gouverneur, etc... »

Alexandre était seigneur de Manteville pour moitié seulement, comme son père; Adam d'Awameix était seigneur de l'autre moitié par sa femme Françoise de Thonne-le-Thil. C'était la part de Marguerite de Manteville qui, de Richier de Luz était passée à Jean et Richier de Thonne-le-Thil, seigneurs de Villette. Françoise, fille de Jean de Thonne-le-Thil, avait épousé Adam d'Awameix et lui avait apporté, partie de la seigneurie de Villette avec le château, et partie de celles de Manteville et Pouilly. — Les d'Awameix, de Luz et de Thonne-le-Thil, originaires du Luxembourg et très répandus dans ce pays et dans le Barrois, sont éteints depuis plusieurs siècles. —

A cette époque, Wauthier de Failly, demeurant à Marville,

était seigneur d'Epiez-le-Bas en totalité. On a vu plus haut que Catherine et Marguerite de Manteville avaient cédé ce fief à Richier de Luz et à sa femme. De ceux-ci, il était passé à Wauthier de Tassigny leur cousin, puis à ses fils Richier, prêtre, et Jehan, enfin, par vente, en 1425, à Colart de Failly et à Poincette sa femme, père et mère de Wauthier. Alexandre de Manteville eut de fréquentes contestations avec lui au sujet du signe patibulaire de la haute justice. Nous avons montré quelle grande importance on attachait alors à la possession de ce droit. C'est d'abord, en 1454, un compromis à ce propos entre Alexandre de Manteville et Adam d'Awameix, tous deux seigneurs de Manteville et Wauthier de Failly, seigneur d'Epiez. Puis, l'année suivante, le débat se rouvre à plusieurs reprises ; on ne tombe pas d'accord, car, en 1456, les trois seigneurs s'adressent au duc Ferry de Lorraine, gouverneur du duché de Bar, devant lequel ils comparaissent en personne et qui désigne comme arbitres du différend : François d'Orne, seigneur de Bromainne et de Gerbneville, prévôt de Sathenay (Stenay), François de Custine, seigneur de Lombus et de Romery, Jehan Vanredy, licencié en lois et Pierresson Brûlé, secrétaire du duc, auditeur en sa Chambre des Comptes ; Wauthier de Failly prétendait qu'étant seigneur d'Epiez-le-Bas en totalité, c'était à lui seul qu' « appartenaient tous les droits qui à hault justicier peuvent appartenir, et spécialement la haulte justice patibulaire eslevée sur les haulx, dits les haulx d'Espiey, pour pouvoir en ycelle faire faire exécution de haulte justice toutes et quantes fois que le cas y adviene, et eslevée en iceluy lieu par ses prédécesseurs seigneurs dudit Espiey-le-Bas, en signe et réputation qu'ils estaient hault justiciers de laditte ville... et que à ceste cause devait seul et pour le tout laditte haulte justice, comme assise au ban et territoire dudit Espiey, à luy compéter et appartenir... »

Alexandre de son côté exposait que ses prédécesseurs, seigneurs de Manteville, avaient « eu comme hault justiciers autresfois et de longtemps haulte justice eslevée sur les hauts de Manteville, jusqu'à ce qu'icelle par pourriture est allée à ruyne, » et qu'en son lieu et place Wauthier de Failly en avait élevé une nouvelle dont « avaient toujours jouy, usé et esté en possession et saisine les seigneurs dudit Manteville et leurs comparsonniers. »

Les arbitres rendirent leur jugement de la façon suivante : « les seigneuries d'Espiey et de Manteville ayant apparu avoir ésté d'ancienneté une seule seigneurie, et pour icelle seigneurie une seule haulte justice avoir esté eslevée et dressée au lieu où est la justice de nouvel eslevée. et ledit lieu estre et avoir esté tenu et réputé d'ancienneté du ban et territoire dudit Espiey... ledit Wauthier est, sera et demeurera, luy et ses successeurs, seigneur dudit Espiey-le-Bas, d'icelle ville, ban et territoire, hault justicier bas et moyen seul et pour le tout... et les dits Alexandre et Adam sont et demeureront pareillement hault justiciers bas et moyen dudit Manteville, ban et territoire avec les appartenances d'illec... et auront une justice patibulaire à tousjours commune pour leurs dittes seigneuries au lieu où est celle de présent, qui sera faicte et retenue aux frais communs des dits seigneurs. »

Les parties tinrent pour « agréable, ferme et stable » cette décision et déclarèrent ne pas vouloir en appeler aux « grands jours de Saint-Mihiel ». La question fut ainsi tranchée définitivement.

La famille de Failly, à laquelle appartenait Wauthier de Failly et que nous aurons assez souvent occasion de citer, est une des plus anciennes et des plus connues de Lorraine, où elle est encore représentée ; elle tire son nom des fiefs de Grand et de Petit-Failly.

En 1455, 1456 et 1463 Alexandre fit les reprises ou le dénombrement au duc de Lorraine des fiefs qu'il possédait au duché de Bar : « la moitié de Manteville, châtellenie de Pierrepont, contrepartant avec d^{lle} Françoise de Thonne-le-Thil » et un huitième de Ruth (probablement Rupt-sur-Othain, près de Marville), avec le témoignage de son cousin Jehan de Saint-Morice, curé de Villers-devant-Marville (Villers-le-Rond).

Il possédait encore un gagnage à Credon, près de Grand-Failly, au sujet des revenus duquel il conclut en 1464 un arrangement avec Clément d'Espinal, seigneur de Cons, aussi détenteur d'une partie des droits seigneuriaux de Grand-Failly.

Alexandre de Manteville et Henri de Boutigny étaient « chère et feablez amis » de Jehan de la Fontaine, demeurant à Marville qui, en 1462 les avait institués « foidmeteurs et exécuteurs de son testament. »

Alexandre fut un des bienfaiteurs de l'Abbaye de Chatillon (monastère de l'ordre de Citeaux, qui était situé sur l'Othain, entre Arrancy et Mangiennes) et testa le 17 juillet 1478.

Il avait épousé Jehanne de Chamissot, d'une ancienne famille originaire du duché de Bar, et eut trois enfants :

1° *Jehan*, qui continue la descendance, ci-après ;

2° *Marie*, qui épousa en premières noces Jehan de Bouvigny, dont elle eut une fille, et en secondes noces Jean de Rieze où d'Erize, sgr de Tillonbois, prévôt de Montmédy, dont elle eut plusieurs enfants, entr'autres Claude, mariée à Jean de Luz.

3° *Françoise*, qui épousa, vers 1460, Collard de Pouilly sgr d'Esne (Collard, Colart, diminutifs de Nicolas) ; elle testa le 5 octobre 1514 : parmi ses six enfants, on connait : Alix qui épousa, le 15 octobre 1490, Henri de Custine, sgr de Vivier, Bonne, mariée à Jean du Hautoy, Madeleine, à Claude de Naives, Gilles, mari de Marguerite de Failly, et Jean, mari de Françoise de Burtaucourt.

4ᵉ degré

Jehan II de Manteville.

Le 23 avril 1488, il fait ses reprises à Nancy.

Il eut pour femme Françoise de Pouilly. — Pouilly, illustre famille lorraine qui possédait le fief de Pouilly (sur la Meuse, près de Stenay) dès 1291 ; encore représentée de nos jours.

Dont, quatre enfants :

1° *Alexandre,* qui continue la descendance, ci-après ;

2° *Jacques,* mort jeune ;

3° *Jehanne ;*

4° *Gillette,* qui fut mariée à Georges des Bernardz, sgr de Molainville, dont elle eut plusieurs enfants.

Jehan II testa le 1ᵉʳ mai 1524, à Etain, et mourut probablement peu de temps après, car en 1527, ses trois enfants, Alexandre, Jehanne et Gillette procèdent au partage de ses biens.

Des dénombrements de 1495 et 1499 nous indiquent qu'à cette époque la seigneurie d'Epiez était partagée par quart, entre Henri de Custine, son frère Jean de Custine, Roger de Marcy leur cousin et les enfants Thiery et Colin Enchérins.

— Les de Custine, dont il sera souvent question et qui se divisent en plusieurs branches, sont originaires du pays de Liège où ils sont très anciens ; le château de Custine est situé à deux lieues de Givet. Anchérins ou des Enchérins, famille du Verdunois que quelques-uns disent être une branche de celle de Saintignon.

5ᵉ degré

Alexandre II de Manteville.

Il fut capitaine du Saulcy (endroit dont la situation nous est inconnue, mais qui devait vraisemblablement se trouver dans le Luxembourg).

En 1528, il rachète une portion de Manteville.

En 1537, le mercredi après les brandons, il fait ses reprises à Saint-Mihiel.

En 1538 et 1539, il donne son dénombrement au duc Antoine, à Bar, pour Manteville, « ressort de la prévôté de Sancy. »

Il épousa, le 17 avril 1526, Louise de Wal, fille de Henri de Wal et de Jehanne de Saintignon — de Wal, ancienne famille originaire du Luxembourg et établie en Lorraine; Wal était un fief situé au sud de Longuyon.

Après qu'il fut mort, sa veuve se remaria, le 5 février 1545, avec Hugo de Strainchamps; elle se déposséda alors de son douaire au profit de ses enfants de Manteville, qui étaient au nombre de cinq, savoir :

1° *Gabriel*, qui continue la descendance ci-après ;

2° *Alexandre III*, gouverneur de Charlemont, marié à Philippine de la Marck d'Aremberg, dont il n'eut point d'enfants ; — de la Marck, célèbre famille d'origine allemande, dont une branche répandue dans le duché de Bouillon, compte des seigneurs de Sedan, de Jametz et le fameux « sanglier des Ardennes. »

3° *Nicolas*, dont il sera parlé plus loin ;

4° *Dominique*, « mort sans hoirs en escarmouche devant la ville de Hâvre-de-Grâce, alors tenue par les Anglais » ;

5° *Gilles*, sgr de Villers-le-Rond en partie et y demeurant ; il ne se maria pas et fit son testament le 25 novembre 1593 ; en voici un extrait qui a été transcrit en 1675 par un curé de Villers-le-Rond sur son registre paroissial, à cause des messes qui devaient être dites :

« Item, il donne à Claude de Manteville son nepveu, fils de son frère Nicolas, tous et chacuns ses acquests et engagières qu'il a fait et tient au lieu ban et finage dudit Villers-le-Rond,

tant en maison, grange, establerie, meix, jardin, preiz et terres
arrables et non arrables, et aussi tout ce entièrement qu'il a
acquesté et qu'il tient par engagière au lieu ban et finage de
Vezin, Charancy, Han et Marville, pour en jouïr et profiter à
tous jours mais, aux charges et moyenant toutesfois les conditions cy après réservées et déclarées par le d[t] s[r] testateur à
sçavoir : il veut et ordonne que les d[ts] acquests seront et
demeureront chargées de la sōē (somme) de deux cent frans,
pour payer un anniversaire d'une messe par chacune semaine
de l'anné, pour à tous jours mais, pour prier Dieu pour sa
pauvre âme, en chargeant et ordonnant à sond[t] nepveu Claude
de Manteville que, dez et incontinant le jour de son enterrement passé, il fasse par chacun an et chacune semaine et qu'à
la première commodité il employe lad[te] sōē de deux cent francs
sur quelq bonnes pièces d'héritages suffisantes et non chargés
ni hipotiquez à autres mains, pour par chacun an en pouvoir
tirer et lever l'interest, suivant et à l'avenant les édits et ordonnances du Roy, pour de ce en payer led[t] anniversaire par
chacun tiers de l'anné. »

Gilles de Manteville avait de plus prévu qu'au cas où son
neveu Claude mourrait sans enfants mâles, les biens qu'il lui
léguait devraient passer à son autre neveu, Albert, afin de
toujours rester dans la famille : précaution qui fut vaine,
comme nous le verrons plus loin en parlant d'Albert de Manteville.

Nicolas de Manteville, troisième fils d'Alexandre et de Louise
de Wal, sgr de Manteville, Pouilly et Villers-le-Rond, en partie,
fut lieutenant-prévôt de Marville pour Luxembourg de 1573 à
1579 et enseigne de la compagnie, ou bande d'ordonnance, du
comte de Berlaymont. Il fut marié en premières noces, le
1er décembre 1560, à Alix de Thonne-le-Thil, fille de Gérard de
Thonne-le-Thil et d'Agnès de Pouilly ; il en eut deux enfants,

un fils, *Claude* et une fille, *Salomé*. Alix de Thonne-le-Thil fit son testament en 1577 ; il nous a paru assez intéressant pour être reproduit en entier :

« Nous, Jehan de Naves, seigneur de Chinnery, Montigny, Escouvier, Conseiller du Roy nostre Sire et prévôt pour sa Majesté ès terres communes de Marville et d'Arrancy, Ferry de la Fontaine, escuier, seigneur de Choppey et de Sorbey, prévost pour Monseig^r le Duc de Lorraine et de Bar ès dites terres communes de Marville et d'Arancy, Henry Henezon et Jacques Mersay, clercs-jurés ès dites terres communes pour Luxembourg et Barrois, respectivement tous gardes du scel du tabellionnaige desdits Marville et Arancy, faisons sçavoir à tous que, par devant lesdits Henezon et Mersay jurés audit tabellionnaige, fut présente en personne Damoiselle Aelis de Tonne-les-Thil, femme de Nicolas de Manteville, escuyer, seigneur dudit lieu et de Villers-le-Rond, en partie, homme d'armes de la Compaignie de Monsieur le Comte de Barle-mont, absent, estant en la dite Compaignie pour le service du roi nostre Sire ; icelle en son bon sens, mémoire et entendement, combien que par le bon plaisir et volunté de Dieu elle fust détenue et affligée de maladie corporelle, sachant n'estre chose plus certaine que la mort, ne plus incertaine que l'heure, d'icelle, désirant parvenir de toute sa puissance au salut de son âme et disposer des biens que Dieu lui a presté en ce mortelle monde, a faict son testament en présence des ditz deux jurés, ordonnance et devis de sa dernière volonté, en la forme et manière que s'ensuit ·

« Premièrement elle rend son âme à Dieu, quand elle sortira de son corps et son corps à la terre, pour estre inhumé au lieu qu'il plaira à son dit marit qu'elle soit ensevelie, ce mettant tout ta faict à la bonne discrétion et volonté de son dit marit, comme aussi tous services à son enterrement, obit, octaves, et autres funeraulx. Item, elle veult et ordonne toutes ses debtes estre paiées, si aulcunes en doibt, et torts faicts estre réparés, qui dheuement seront apparent à son dit marit. Item, elle nomme, ordonne et institue ses héritiers droictures et légitimes Claude et Salomé de Manteville, ses fil et fille mineurs, d'ans procréés de son dit marit et d'elle ; et ayant esgard et considération au traictement amiable et humain qu'elle a receu dudit Nicolas de Manteville, son marit, durant l'espace de temps de seize ans qu'elle a esté et vescu joincte par mariage avec luy, durant lequel temps icelluy a porté et soustenu plusieurs grands travaulx et despens, pour deffendre les biens d'elle contre ceulx qui l'inquiétaient par plaids et procès, en quoy il a faict pour elle l'office et debvoir de bon et loial marit, dont elle a conceu ferme confiance qu'il fera de mesme envers leurs dits enffans susnommés, elle a volu et ordonné veult et ordonne par cestuy testament et ordonnance de dernière volonté que, dès incontinent qu'elle sera décédée de ceste vie, le dit Nicolas de Manteville son marit ait et tienne l'entière et pleine administration, gouvernement, joissance et levées de tous et chacun les biens qu'elle aura délaissé, meubles, non meubles, présents et futurs, durant la minorité de leurs sus dits enffans, jusques à ce qu'ils seront parvenus en eage et estat de mariage, sans estre tenu d'en rendre compte à aulcune personne, à charge touttefois et condition que le dit sieur Nicolas de Manteville père de leurs dits enffans sera tenu et obligé d'avoir, tenir, nourrir, allimenter et entretenir de toutes choses nécessaires tan en nourriture que vestures et chaussures leurs sus dits deux enffans, honestement comme appartiendra à leur estat, qualité et condition de noblesse et faire d'iceulx tout ce que bon père doibt faire de ses enffans, et quand ils seront en eage compétent pour estre assigné et mis en l'ordre et estat de mariage, leurs trouvera et procurera de partyes à eulx convenables, aussi ne pourront iceulx prendre parties de mariage que par son gré et consentement, les habituera et aidera des biens qu'il aura pour eulx aider, porter les charges de mariage et leur remettra en leurs mains à chacun d'eux incontinent qu'ils auront prins estat tous leurs biens immeubles maternels et leur rendra l'entière et pleine joissance et usage et levées d'iceulx sans estre tenu de leurs rendre compte des levées et receptes qu'il en aura faict depuis le décès d'elle jusques au jour qu'iceulx ses enffans seront assigné par mariage et mis en estat. Lequel présent testament ladite dame Aelis de Thonne-les-Thil a dit et déclaré qu'elle veult et entend avoir lieu et sortir plein et entier effect. Et pour l'effectuer et mettre en exécution a esleu et nommé ledit Nicolas de Manteville son loial espous absent, le priant en prendre la charge et le soing et d'aultant que mestier est et a luy touche, l'aggréer, advouer, approuver, l'avoir et tenir aggréable, ferme et stable, l'effectuer et mettre en dheue et pleine exécution ; en foi et tesmoing de vérité, nous gardes sus nommés, à la prière et requeste de la dite Damoiselle testatresse et à la relation des dits jurés avec leurs seings manuels ci-mis, avons appendu le scel dudit tabellionnaige de Marville à ces présentes faictes et passées à Villers-le-Rond en la maison dudit sieur Nicolas de Manteville et de ladite testatresse, le sixiesme jour du moas de janvier en l'an mil cinq cent septante sept. »

Claude de Manteville, fut seigneur de Flassigny, Pouilly, Villers-le-Rond en partie et de Manteville pour un huitième ; en 1599, il vendit à Nicolas de Gorcy, son cousin, deux quinzièmes en un tiers du four banal de Longuyon ; en 1624, il fit au roi d'Espagne Philippe IV, duc de Luxembourg, les reprises des biens qu'il possédait à Villers-le-Rond, où il demeurait, et en 1627 il donna son dénombrement au duc de Lorraine pour « la moitié d'un quattreiesme au quart » de la seigneurie de Pouilly, châtellenie de Stenay, contrepartant pour semblable part avec son cousin Jean de Manteville de Flassigny et avec leurs consors héritiers de Henri de Wal pour le surplus.

Il avait comme comparsonnier à Villers-le-Rond, Louis de Custine, avec lequel il dut être en rivalité pour des questions de préséance; voici, en effet ce qu'on lit dans le registre du conseil de Luxembourg, exprimé dans un style judiciaire qui ne pèche pas par un excès de clarté :

« Sentence du conseil, entre Claude de Manteville, sgr de Villers-le-Rond, suppliant, impétrant de lettres de maintenue, et Louis de Custine, sgr dudit lieu, ajourné; cassans et annullans les lettres de maintenue comme sub- et obrepticement impétrées par le suppliant, déclarons icelluy ès fins et conclusions par luy prinses non fondées ni recepvables, desquelles absolvons l'adjourné et levons l'alternative portée par l'interlocutoire du 9° d'aoust 1623, adjugeons à icelluy adjourné la préséance à l'église de Villers-le-Rond, tant aux oblations et processions que tous aultres droictz honorifiques, condemnons led. suppliant à le souffrir et ne luy donner en ce aulcun empeschement, ensemble à l'amande et despens de la poursuyte au taux de la Cour. Prononcé à Luxembourg le 7 de febvrier 1630. »

Les de Custine (branche de Wiltz) possédaient le château fort de Villers-le-Rond. Ce château, dont il ne reste plus aujourd'hui que le porche d'entrée et des vestiges de fossés, fut détruit pendant la Révolution; les matériaux en provenant ont servi, dit-on, à la construction de l'église de Vezin. Il y avait aussi à l'autre extrémité du village, du côté du nord, une maison forte, datant vraisemblablement du xv° siècle; actuellement encore en bon état, elle sert d'habitation à un fermier de la famille d'Egremont; au-dessus de la porte d'entrée, on peut voir la date de 1729, et un double écusson malheureusement martelé au point qu'il est impossible d'y distinguer traces des armoiries qui y furent. Aussi, ne peut-on que conjecturer de cette demeure, qu'elle fut peut-être celle des Manteville qui habitaient Villers-le-Rond.

Claude de Manteville épousa, le 16 novembre 1601, Elisabeth de Pouilly dont il eut une fille, *Catherine*, qui fut mariée en 1629 à son cousin issu de germain Nicolas de Manteville et dont il sera parlé au 7° degré.

Salomé de Manteville, dame de Villers-le-Rond en partie, épousa en 1593 Baudouin du Faing, sgr de la Crouée et de Thonne-les-Prés, lieutenant-prévôt de Chiny en 1602, puis capitaine-prévôt de Chauvency-le-Château, et mort en 1630. Ils eurent onze enfants, savoir: quatre morts en bas âge; Jean, Gilles et André qui servirent dans les compagnies de divers capitaines et moururent en Allemagne, Catherine religieuse au couvent de Clairefontaine près Arlon, Jeanne, Marguerite et enfin Alexandre qui succéda à son père comme capitaine-prévôt de Chauvency et épousa Yolande d'Orchainfaing. — du Faing et d'Orchainfaing ou d'Orsinfaing, anciennes familles du Luxembourg, éteintes; la première, connue dès le xii° siècle, tire son nom de l'ancien manoir du Faing, près de Jamoigne, la seconde du château d'Orchainfaing, non loin de Villers-sur-Semois.

Nicolas de Manteville épousa en secondes noces Catherine de Housse, dame de Breux (au nord de Montmédy), Sancy, Dampicourt, Fermont, Vance, veuve de Thiebaut de Custine sgr de Piedmont, Epiez, la Folie. — La maison de Housse, établie en Lorraine vers le xv° siècle et éteinte depuis longtemps, était originaire du duché de Julliers, d'après les uns, et du pays de Limbourg, d'après les autres. — Nicolas mourut en 1603 ou 1604 et sa femme Catherine, le 24 octobre 1608; elle

Cliché de M. l'abbé Robinet.

PIERRE TOMBALE DE CATHERINE DE HOUSSE,
FEMME DE NICOLAS DE MANTEVILLE,
DANS L'ÉGLISE DE MARVILLE.

Cy gist honorable dame Catherine de Housse, en son vivant dame de Breux, Sanci, Dampicourt, etc., laqlle espousa e pmier nopces honoré Sr. Thiébault de Custine, Sr. de Piedmont, Epiez, la Follye, etc. et e secode honoré Sr. Nicolas de Mateville Sr. dudit lieu, Pouillye, Villers le Rond, etc., laqlle deceda le 24e jo octobre 1608. Pez Dieu pour elle.

fut inhumée dans l'église de Marville où se trouve encore sa pierre tombale dont nous donnons une reproduction. De ce second mariage, Nicolas de Manteville eut un fils, *Albert*, et trois filles qui furent : 1° *Nicole;* 2° *Ide* qui épousa Nicolas de Roucelz, sgr de Warnéville (Vernéville), Conseiller d'Etat de S. A. de Lorraine, issu d'une des plus anciennes familles de la ville de Metz, lequel était veuf et dont elle eut trois enfants ; elle mourut en 1668 à Metz, sur la paroisse Saint-Martin, et fut inhumée dans la chapelle du couvent des religieuses de l'Ave Maria ; voici son épitaphe qui existait encore en 1770 :

CY-DEVANT SOURS LA PREMIÈRE TOMBE REPOSE HONNORÉE DAME
YDE DE MANTEVILLE, FILLE D'HONNORÉ MESSIRE NICOLAS DE MANTE-
VILLE SEIGNEUR DUDIT LIEU, VILLERS-LE-ROND, ETC... (ORIGINAIRE
D'ANGLETERRE, REPRENANT DES DUCS DE LORRAINE IL Y A SEPT
CENT CINQUANTE ET TROIS ANS) [*sic*], ET D'HONORÉE DAME CATHERINE
DE HOUSSE, FILLE D'HONORÉ MESSIRE GASPARD DE HOUSSE,
SEIGNEUR DE PERMONT ; ESPOUSE EN SECONDES NOPCES D'HON-
NORÉ MESSIRE NICOLAS DE ROUCELZ, SEIGNEUR DE VERNÉVILLE,
FLÉVILLE, ETC... DÉCÉDÉE LE DIXIÈME JOUR AOUST 1668, AGÉE DE
81 ANS.

PRIÉS DIEU POUR ELLE.

3° Probablement *Anne* ; nous trouvons à cette époque, et à peu près en même temps, trois Anne de Manteville pour lesquelles nous n'avons pu établir de qui elles étaient filles : l'une fut mariée à Nicolas de Housse, dont un fils Henri de Housse, sgr de Sosse, colonel d'un régiment de cavalerie au service du duc de Lorraine, épousa le 11 juin 1616 à Flassigny une autre Anne de Manteville, peut-être fille de Jean de Manteville sgr de Flassigny que nous verrons plus loin. Enfin une troisième Anne de Manteville épousa Philippe de Gourcy. — Gorcy, Gourcy, ou, Gorcey, famille originaire d'Irlande établie en Lorraine vers 1260, divisée en plusieurs branches dont une résida dans le Barrois et posséda, entr'autres, le château de

Villette depuis le xvii° siècle jusqu'à la Révolution ; Gorcy près de Longwy est un fief qui fut érigé sous ce nom en faveur d'un membre de cette famille, et où il y avait un château, démoli en 1671 ; cette illustre maison est encore représentée en France et en Autriche.

Albert de Manteville fut seigneur de Breux en partie de 1608 à 1636 ; en cette qualité il signe à Marville, le 23 octobre 1608, une lettre de présentation de M° Jean Pierre à la cure d'Avioth. En 1612, il fournit avec Claude de Manteville, son frère de père, un dénombrement pour Pouilly, Inor, Bronelle (près de Stenay) ; il demeurait alors à Vaillet, pays de Liège. En 1624, il dénombre à Philippe IV roi d'Espagne, duc de Luxembourg, les trois quarts du château de Breux et ses dépendances et un quart et demi dans les dîmes et autres revenus. En 1636, il présente Jean Delhotel à la cure d'Avioth, toujours comme co-seigneur de Breux de concert avec ses autres comparsonniers.

Il épousa Anne de Xonot, fille de Jean de Xonot, sgr de Mezerey, et de Barbe des Armoises. — Xonot, famille venue des Pays-Bas, mais fixée en Lorraine où elle subsista jusqu'au xvii° siècle.

Claude de Manteville étant mort sans laisser de fils, ce fut à Albert que passa la cense que leur oncle Gilles leur avait léguée à charge de fonder une messe semainière dans l'église de Villers-le-Rond. Mais Albert se voyant aussi sans enfants mâles, vendit ce bien avec sa charge à Rossignon Renaud, de Villers-le-Rond, qui payait au curé chaque année une rente de 25 esquelins (ou escalins, pièce de monnaie des Pays-Bas valant un peu moins d'un franc).

Dans son ouvrage *La seigneurie de Breux*, d'où sont extraits les détails précédents relatifs aux co-seigneurs de Breux, M. Schaudel dit qu'Albert de Manteville aurait épousé

Marie de Verlaine et qu'il aurait eu un fils *Oger*. Albert de Manteville se serait-il alors marié une deuxième fois ? ou bien y aurait-il eu un autre Albert ? Nous n'avons rien pu trouver qui nous permit de préciser ce point Mais, nous savons qu'Anne de Xonot eut plusieurs filles. Est-ce de son mariage avec Albert de Manteville ? Si oui, peut-être pouvons-nous comprendre parmi elles : *Anne de Manteville* qui, en 1672, était religieuse au couvent de Clairefontaine-les-Arlon, et *Salomé de Manteville*, mariée en 1625 à Albert du Hautoy sgr de Vaudoncourt, et qui, après la mort de celui-ci, dénombre en 1661, comme tutrice de ses enfants François, Claude, Marie et Jeanne ce qu'ils tiennent à Vaudoncourt, la Follie-les-Vaudoncourt et Gouraincourt, fiefs de la châtellenie d'Etain.

Enfin, en 1613, Jacques de Couet sgr de Vivier, demeurant à Metz, dénombre le quart de la terre et seigneurie d'Epiez « appartenant à sa belle-mère Anne de Xonot par succession de ses père et mère ». Faut-il conclure de là que celle-ci aurait eu une de ses filles mariée à un de Couet ?

D'après M. Schaudel, encore, Oger de Manteville était co-seigneur de Breux et mourut le 12 avril 1682. Par son testament du 22 octobre 1662, il avait laissé tous ses biens à Marie de Crigswée femme de Charles Fortuné van der Straten, et sa cousine germaine du côté maternel.

6ᵉ degré

Gabriel de Manteville.

Il fait en 1551, ainsi que ses frères, Alexandre, Nicolas, Dominique et Gilles, ses reprises à Nancy. En 1559, il rachète deux portions de Manteville au Sʳ Nicolas de Beauchamps qui s'en était rendu acquéreur en 1546 et 1547. En 1571, il acquiert une cense de fief, les appartenances et dépendances avec portion de dîme à Iré-les-Prés.

Le 25 novembre 1573, il donne à Bar, avec son frère Nicolas, son dénombrement pour Manteville, Pouilly, Inor, Fresnois-la-Montagne, Balon, Louguion, Afflance, Martaincourt, Nepvant (près de Stenay).

Il fit partie du Siège des Nobles de Luxembourg, à cause des fiefs qu'il possédait dans ce pays.

Comme ses ascendants, il n'était toujours seigneur de Manteville que pour moitié, avec son frère Nicolas; l'autre moitié, que nous avons vue appartenir à Adam d'Awameix, était passée à son fils Gérard d'Awameix, prêtre, puis de celui-ci à ses sœurs dont l'une fut mariée à N. de Baclain, sgr de Thonne-les-Près, l'autre à un de Pouilly. En 1573, les co-seigneurs de Gabriel de Manteville, pour Manteville étaient : d'une part Marguerite de Baclain, dame de Villette, veuve de Jean de Lellich, et Catherine de Baclain, femme de Pierre de Ville, toutes deux petites filles du Sr de Baclain précité ; et d'autre part Philippe de La Fontaine, demeurant à Marville et fils d'une de Pouilly. — de Lellich et de Ville anciennes familles du Luxembourg, la première est éteinte depuis le xviie siècle; de Baclain, écrit aussi Beauclain, maison originaire de Lorraine où elle était connue depuis le xve siècle.

En 1574, Gabriel de Manteville acquiert de Gilles, sgr de la Tour, demeurant à Stenay, de demoiselle Anne de la Garde sa femme, et de Jacques de Mouzay, des biens à la grande Flassigny pour « six-vingt francs » ; c'est son frère Gilles qui fait cette acquisition pour lui; son autre frère Nicolas et Ferry de la Fontaine, prévôt de Marville pour Barrois, signent comme témoins.

Par contrat passé à Virton le 24 juin 1598, il acquiert la seigneurie de Villécloye et Cloye. Il possédait aussi à Villers-le-Rond une « cense avec gaignaige » qui fut vendue après lui, par ses enfants pour la somme de 6.315 fr. à 12 patars le franc. (patar, monnaie des Pays-Bas valant environ un sou).

Enfin, en 1596, il avait partagé avec Nicolas son frère et Albert d'Orey la moitié de la seigneurie de Manteville, héritage de leur père. Nous ignorons à quel titre Albert d'Orey intervint comme co-partageant dans cet acte qui fut conclu à Marville le 26 avril.

Gabriel de Manteville avait épousé le 26 mai 1560, Anne (plus souvent appelée Manon) de Pouilly, fille de François de Pouilly dont il eut deux fils et une fille :

1° *Ferry*, qui continue la descendance ci-après ;

2° *Jean*, qui fut seigneur de Pouilly, Inor, la grande et la petite Flassigny. Il habitait Marville et quelquefois venait résider à Flassigny-la-Petite. C'est tout ce qu'on sait de lui, si ce n'est encore qu'il eut à soutenir devant les « prévôst et hommes de fiefs de Sainct-Mard et Virton » un long procès intenté par « un Henry Martin » demeurant au petit Saint-Jean-lez-Marville, qui, propriétaire d'une cense à la « Hingnié » (Hignée), prétendait avoir le droit de vaine pâture sur le ban contigu de la petite Flassigny. Ayant perdu devant les premiers juges, Jean de Manteville en appela par devant les « Gouverneur, Président et Gens du Conseil provincial des Archiducs à Luxembourg. » Toute cette procédure, commencée en 1604, pour un sujet qui paraît de nos jours de si minime importance, dura plus de cinq ans, car en 1609, ce n'était pas encore terminé, et nous ne savons pas qui finalement eut gain de cause.

Jean de Manteville vivait encore en 1627.

Un Jean de Manteville fut marié à Jeanne de Bonchamps et en eut une fille, Anne, qui épousa, en 1616, à Flassigny, Henri de Housse. Peut-être s'agit-il de celui-ci ?

3° *Claude* ou *Claudine*, qui fut mariée à Robert de Tige, sgr de Bronelle.

Gabriel mourut en 1601, et sa femme était morte en 1590; ils sont inhumés tous deux dans l'église d'Epiez; une pierre funéraire, reproduite ci-contre, rappelle leur mémoire.

Le 3 août 1602, leurs enfants Ferry, Jean et Claude se partagèrent leur héritage; en 1607, par acte passé le 23 novembre, ils fondent, en anniversaire de leurs père et mère, et sur le désir que ceux-ci leur en avaient exprimé, une messe basse à dire le jeudi de chaque semaine dans l'église d'Epiez; Claude de Manteville, vers le même temps, y adjoint la fondation d'une messe à dire chaque vendredi, « ce pourquoi elle constitue une rente annuelle de 30 franchards blé et avoine » à prendre sur une cense à Vezin et Charency.

Sous Gabriel de Manteville, les seigneurs d'Epiez étaient : Ferry de Failly, fils de Thomas de Failly, et de Catherine de Nancey pour un quart, à cause de demoiselle Claude des Armoises sa femme; Colart de Custine, sgr de Vivier pour un quart, et après lui, ses fils, François époux de Didette Denizot, Dame d'Auffléville et Thiébaut; et, pour tout ou partie du reste, les enfants de Barbe des Armoises, femme de Jean de Xonot; ceux de Louis de Custine, sgr d'Afflance et de sa sœur, femme d'Antoine d'Allamont, sgr de Mallandry, et enfin ceux d'Enchérin de la Ruelle et de Barbe des Enchérins, sa femme.

En 1573, Thiébaut de Custine, en son nom et au nom de ses comparsonniers seigneurs d'Epiez, et des seigneurs de Manteville, s'adressa au duc de Lorraine, Charles II, lui exposant que « le signe patibulaire, commun aux deux seigneuries, serait tombé de longtemps et, pour le mauvais temps des guerres, n'aurait esté relevé promptement, et craignant, iceluy remontrant et ses comparsonniers, que cet inconvénient ne leur tourne et revienne à préjudice, dommages et intérests, ils supplient de permettre de pouvoir relever ledit signe patibulaire

EPITAPHE DE GABRIEL DE MANTEVILLE
ET D'ANNE DE POUILLY, SA FEMME,
DANS L'ÉGLISE D'ÉPIEZ.

où il soulait (avait coutume) estre par cy devant, pour s'en servir à leurs dittes seigneuries, ainsi qu'eux et leurs prédécesseurs faisaient du passé, à la conservation de leurs droicts de hautte justice. » Le procureur général du Barrois, Bournon, fut chargé de faire un rapport sur cette requête; et, d'après son avis favorable, le duc accorda la permission le 15 juillet 1574.

7e degré

Ferry de Manteville.

Il était seigneur d'Epiez, Fresnois-la-Montagne, Chappy, (Xappy, ou Chopey, près de Marville), Bromont, Bronelle, Villécloye, Iré-les-Prés, Villers-le-Rond, Flassigny, Pouilly, en partie. De 1602 à 1612, environ, il fut lieutenant gouverneur de Damvillers.

Il épousa Nicole de Laitres, fille d'Evrard de Laitres et d'Anne de Custine, chanoinesse de Bouxières. Le contrat de mariage fut passé à Virton, le 7 janvier 1597. — La famille de Laitres est originaire de Lorraine, mais elle s'illustra surtout dans le pays messin.

Seigneur de Manteville pour partie seulement, comme son père, Ferry reprit successivement possession par achats et échanges d'une bonne partie du reste du fief familial qui était encore entre les mains des descendants des d'Awameix, ou de ses cousins. Ainsi, en 1604, il fait des échanges avec Robert de Rotonge, en 1607, avec François de Gorcy et en 1612, avec Philippe de Pouilly. En 1606, il en acquiert une partie sur le Sr de la Fontaine, en 1608, une autre sur le Sr de la Haye, sgr de Vezin et de Cons, et en 1620, encore une autre venant de son cousin germain Albert de Manteville. Il se trouvait ainsi posséder plus des trois quarts de Manteville ; le reste appartenait encore à Jehan de Lellich, fils, sgr de Villette, (un seizième), Albert d'Orey, (un seizième) et Jacques de la Fontaine.

En 1601, il acquiert un gagnage à Petit-Failly, venant de Henri de Laitres ; puis il entre en possession de près de moitié de la seigneurie d'Epiez ; en effet, en 1607, le Sr de la Ruelle lui vend sa part ; en 1619, Anne de Xonot, femme d'Albert de Manteville, la sienne, soit un quart ; « la ratification dudict vendaige fut faicte par ladite Dame et ses filles à Basle en Suisse » ; en 1624, sa femme Nicole en acquiert encore un seizième sur François de Custine d'Afflance. C'est aussi à Albert de Manteville et à Anne de Xonot qu'il avait acheté parties des fiefs de Fresnois-la-Montagne, Bromont, Chappy et Bronelle.

A diverses dates, il produisit son dénombrement ou ses reprises au duc de Lorraine Henri II, à la Chambre des Comptes de Bar, pour ces acquisitions. Pour les seigneuries situées sur les terres indivises, comme Iré-les-Prés et Villécloye, ce fut à Luxembourg, qu'il fit son dénombrement.

Le 16 novembre 1620, il assista à Harnoncourt, Louis de la Fontaine, seigneur de Sorbey, prévôt de Marville pour Barrois, à l'occasion de son mariage avec Elisabeth de Foullon, dame d'Ethe et d'Harnoncourt, en même temps que Nicolas de Gorcy, Nicolas de Wal, prévôt de Marville pour Luxembourg, et Philippe des Bernardz.

Ferry mourut assez jeune, avant 1624 ; car nous savons que le 23 mai de cette année, Nicole de Laitres, sa veuve, donna son dénombrement à Luxembourg, pour Villécloye, Iré, Velosnes et Lamorteau et, en 1626, tant en son nom que comme tutrice et garde noble de ses enfants mineurs, elle dénombre au duc Charles IV ce qui « leur appartient à Manteville, la maison forte audit lieu et 40 pieds à l'entour d'icelle, le colombier et autres dépendances... à Epiez, Frenois-la-Montagne, et à Xappy, avec plusieurs héritages au ban et finage de Bromont. » Ce dernier acte est signé, comme témoin, de son beau-frère, Jean de Manteville de Flassigny.

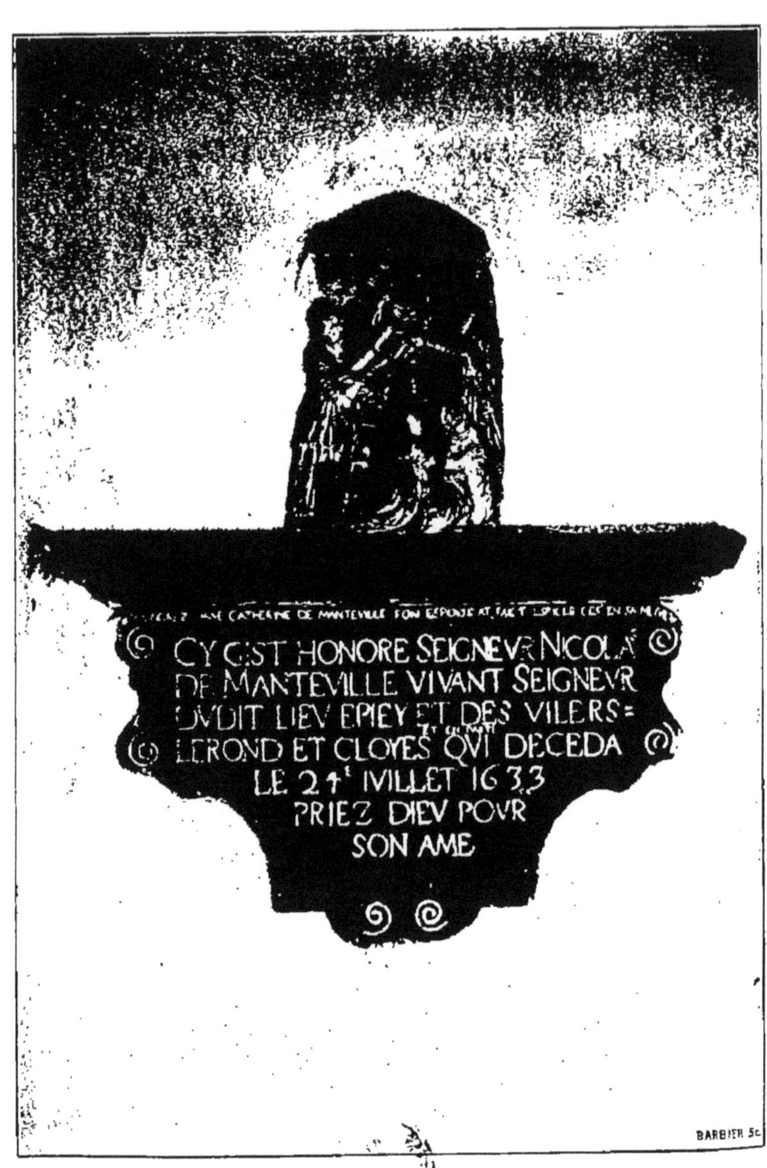

Cliché de M. E. des Robert.

ÉPITAPHE DE NICOLAS-GABRIEL DE MANTEVILLE,

DANS L'ÉGLISE D'ÉPIEZ.

Ferry et sa femme Nicole avaient eu trois enfants :

1° *Nicolas-Gabriel*, dont nous allons parler plus loin ;

2° *Mathieu*, qui continue la descendance ;

3° *Louise*.

Nicolas-Gabriel épousa à Villers-le-Rond, le 15 janvier 1629, avec dispense, sa cousine issue de germaine, Catherine de Manteville, citée à la 5° génération, fille de Claude de Manteville et d'Elisabeth de Pouilly ; il mourut quatre ans après son mariage, le 24 juillet 1633, et est enterré dans l'église d'Epiez, comme l'indique la pierre tombale qu'on y voit encore ; ils avaient eu deux filles : *Marguerite* et *Louise*.

Marguerite fut mariée, le 16 juin 1648, à Jean-Michel de Wopersnow, sgr de Laval-sur-Chiers et de Bazeilles-sur-Othain ; — la famille de Wopersnow était originaire de Poméranie ; Michel de Wopersnow vint le premier, à la fin du xvi° siècle, s'établir en Luxembourg, où il fut capitaine aux ordres du comte de Mansfeld, (celui qui devint gouverneur de Luxembourg) ; il épousa, en 1596, Claudine de Giltingen, dame de Bazeilles et de Laval ; leur fils Jean fut marié, en 1618, à Nicole de Lamouilly, dont Jean-Michel, — Jean-Michel de Wopersnow et Marguerite de Manteville eurent pour enfants : Louise, née en 1650 ; Jean-Michel, membre du Siège des Nobles de Luxembourg, qui épousa, en 1719, Anne Beatrix, baronne de Heyden, morts tous deux au château de Laval ; Mathieu, dit M. de Bazeilles, sgr de Villers-le-Rond et Villécloye, en partie, résidant à Villers-le-Rond ; étant allé à Luxembourg à l'assemblée des Etats, il y mourut le 18 novembre 1739 ; Christophe, marié en 1705 à Barbe-Louise de Custine, mourut à Bazeilles en 1741 ; Anne-Charlotte qui épousa, en 1676, Jean de Reumont.

Marguerite de Manteville mourut en 1681 ; son mari rend les foi et hommage au Roi de France et dénombre cette même année les biens de Bazeilles, Laval, Velosnes et Villécloye qui lui viennent de sa femme et de sa sœur Louise de Manteville, qui ne s'était pas mariée.

Le château de Laval, près de Velosnes, actuellement à l'état de ferme, fief des Wopersnow, fut habité jusqu'en 1793 par cette famille, déjà éteinte quant aux mâles bien avant cette date. En effet, Jean-Michel et Christophe n'avaient eu que des filles, parmi lesquelles nous connaissons, pour le premier : Barbe-Louise-Thérèse, mariée en 1742 à Charles-Louis, comte du Han de Martigny, baron de Froville, chambellan de l'Electeur Palatin ; et Marie-Julienne-Antoinette-Edouard, dite Mlle de Laval qui, malgré qu'elle ait près de 70 ans, dut, à la Révolution, s'enfuir de Laval, où elle habitait seule, et mourut à Stenay en 1794.

A la fin du xviᵉ siècle, la seigneurie d'Epiez fut encore morcelée ; nous voyons qu'avec Ferry de Manteville, ou ses fils, Jean de la Fontaine, sgr de Sorbey et Choppey, Grand et Petit Failly, Jean d'Orchainfaing, sgr de Dampicourt et d'Aigremont (près Dampicourt), époux de Catherine de Custine, en sont seigneurs pour plus des trois quarts ; le reste est devenu la propriété d'une famille nouvelle dans le pays, les de Villelongue, sur lesquels nous nous étendrons un peu plus, parce qu'ils habitèrent Epiez, où ils semblent avoir été très remuants. Venus de Champagne, ils faisaient remonter l'origine de leur noblesse à Jean de Villelongue, écuyer, qui vivait encore en 1549. Un de ses petits fils, Guillaume, sgr de Nouion-sur-Meuse, avait épousé, en 1573, Marguerite de Failly, qui possédait un huitième de la seigneurie d'Epiez ; en 1612, Guillaume fit son dénombrement pour cette portion de seigneurie échue à ses enfants par la mort de leur mère ; ceux-ci étaient au nombre de six : Pierre, 2ᵉ du nom, marié en 1618, Louis, mort avant 1623, probablement célibataire, car il fit son testament en faveur de ses sœurs et nièces; Jeanne, qui épousa François du Mont, S' de la Barre; Henri; Nicole, qui épousa Ferry de Lellich, sgr de Villette; Anne, religieuse au couvent de Clairefontaine.

Ce fut l'aîné, Pierre, qui devint seigneur d'Epiez en partie; il y habita, et après lui, ses descendants jusqu'en 1779, dans le château dont nous avons parlé. Il vivait au temps de Ferry de Manteville, et ne devait pas s'entendre trop bien avec Nicolas de Manteville, son co-seigneur d'Epiez; car, bien que ne possédant qu'un huitième de ce fief, il réclamait en 1631, la prépondérance relativement aux prérogatives et droits honorifiques dans l'église, ce qui donna lieu à un procès que la cour de Saint-Mihiel fut appelée à juger : Nicolas de Manteville fit valoir ses droits, mais Pierre de Villelongue se montra tenace dans ses prétentions; car nous voyons défiler le cortège des « requêtes, réponses, répliques, dupliques, tripliques et qua-drupliques... » Finalement la cour donna raison à Nicolas de Manteville, « comme ayant plus de droits en la seigneurie », et condamna Pierre de Villelongue à « le laisser souffrir et jouir, dépens compensés. »

8ᵉ degré

Mathieu de Manteville.
Né vers 1617.

En 1650, il fut parrain avec Louise de Wopersnow marraine, de sa petite nièce Louise, fille de Jean de Wopersnow et de Marguerite de Manteville; le baptème eut lieu à Manteville, par le ministère de Jean Villette, curé de Torgny.

En 1651, le 23 mars, il établit de concert avec ses mêmes neveu et nièces, Jean de Wopersnow, Marguerite et Louise de Manteville, et suivant le désir de leurs ascendants, une fondation de messes à perpétuité dans l'église d'Epiez, savoir:

une messe basse, chaque année, à la mi-carême, « à l'intention d'alléger l'âme de défunt honoré seigneur Alexandre de Manteville, » une messe anniversaire pour Ferry de Manteville, une messe haute anniversaire le 20 janvier de chaque année avec « l'office des morts et recommandises », et en outre dix messes par année, pour Ferry de Manteville et Nicole de Laitres ; « en rémunération de tout quoi, ils affectent une rente de deux muids, par moitié blé et avoine, mesure de Marville, à livrer chaque année, le jour de Saint-Martin, sur leur cense de Bronelle, sise à Vezin et Charency. » Ces messes, connues sous le nom de « fondation des seigneurs de Manteville », mais dont le nombre fut réduit en proportion de la diminution du revenu affecté, ont été dites jusqu'en 1906.

En 1662, Mathieu donna son dénombrement à la Chambre des Comptes de Bar, pour Manteville.

Il se maria, le 23 septembre 1664, avec Eléonore du Hautoy de Vaudoncourt, âgée de 20 ans, et fille de François du Hautoy et de Catherine de Landres de Briey. « Etant fort âgé, il alla l'épouser à Remiremont, et la ramena en croupe derrière lui ; telles étaient les mœurs de ce temps », dit l'abbé Welter dans ses notes généalogiques. — La famille du Hautoy, très ancienne et distinguée, connue dans le Luxembourg dès le xiiie siècle, tire son nom du château du Hautoy qui était situé à Margny, près de l'abbaye d'Orval. Elle prétendait descendre d'un cadet de la maison de Luxembourg, et a occupé de grands emplois à la Cour de Lorraine.

En 1674, le 21 juillet, Mathieu de Manteville, Isaye de Pouilly, sgr de Rutz, Gabriel de Han, sgr de Martigny et Colmey, Nicolas de Villelongue, sgr d'Epiez et Failly, et Isaye de Saintignon, sgr de Failly, tous assemblés au château de Manteville, rédigent une attestation écrite de l'ancienne noblesse de Messieurs de la Fontaine de Sorbey. — La famille de la

Fontaine, que nous avons déjà citée plusieurs fois, et qui n'est plus représentée qu'en Autriche, était connue dans les pays de Chiny et de Luxembourg dès le XIII° siècle; une branche a possédé le fief et le château de Sorbey, où elle se fixa depuis le XVI° siècle jusqu'à la Révolution; la terre d'Harnoncourt fut érigée en vicomté en faveur d'un de la Fontaine en 1678.

Mathieu fut deux ans plus tard, en 1676, à Marville, un des témoins au contrat de mariage de sa petite nièce Anne-Charlotte de Wopersnow avec Jean de Reumont, veuf en premières noces d'Ursule du Hautoy, et dont il était le beau-frère; la future épouse était en outre assistée de son frère Jean de Wopersnow, de Philippe de Laitres, capitaine et prévôt de Virton, de Gabriel de Martigny, sgr de Colmey, ses cousins, et de François de Custine, ami de la famille.

En 1683, François Dubois, prêtre, était chapelain de **Mante-ville** et y demeurait. .

Mathieu de Manteville eut maintes fois maille à partir avec son voisin Nicolas de Villelongue, fils de Pierre II de Villelongue et seigneur d'Epiez pour un quart. Celui-ci en effet semble avoir porté à son plus haut point l'amour de la chicane; il agita le pays avec ses procès, donna une forte besogne à l'officier de justice d'Epiez, et fit sans doute la joie des procureurs: en 1669, Mathieu venait d'acheter à Jean Martin, mayeur de Fla-beuville, et à Gertrude Clesse sa femme, « moyennant 17 patagons à 7 francs barrois pièce, des maisons réduites en masure et un terrain y attenant » le tout situé au-dessus du moulin d'Epiez, c'est-à-dire près de l'habitation de Nicolas de Villelongue; mais, celui-ci avait, paraît-il, usurpé depuis quelques années une partie du jardin et s'en était indûment approprié les fruits; au lieu de se rendre aux réclamations de Mathieu de Manteville, appuyées de preuves écrites, il préféra faire intervenir la justice; d'où requêtes, répliques, dupliques et, finalement, assignation à comparaître par devant M. le bailli d'Etain, où il se vit condamner « à déguerpir de ladite partie de jardin, comme à la restitution des fruits. »

Une autre fois, c'est au sujet du droit de terrage; il prétendait qu'il était dû sur les terres « de la Haute-Epiez et du Ban-l'Abbesse » qui en étaient exemptes de temps immémorial; Mathieu de Manteville, un des propriétaires de ce gagnage, lui déniait ce droit, d'où de nouveau, répliques et dupliques... Nicolas de Villelongue est reconnu avoir tort; il perd encore un autre procès devant le bailliage de Longwy contre Mathieu de Manteville et son cousin Christophe de Wopersnow, et il est condamné à leur payer 163 livres, 12 sols et 6 deniers, non compris les dépens ; il obtient cependant gain de cause dans une affaire où un de ses prés a été paturé par le bétail du Sr de Manteville; mais celui-ci, peu convaincu probablement du bon droit de son adversaire, veut aller en appel; toutefois, « comme il s'agit de peu », et qu'il n'a pas l'humeur querelleuse de son voisin, il se désiste.

Du reste, ce n'est pas seulement à Mathieu de Manteville que Nicolas de Villelongue cherche chicane; il s'en prend à tout le monde : à l'abbesse de Juvigny « refusante depuis plusieurs années de fournir le taureau » qu'elle doit à Epiez à cause des dîmes qu'elle y perçoit; pourquoi, il demande l'autorisation de faire saisir une rente de deux muids d'avoine appartenant aux religieuses sur leur gagnage d'Epiez; au curé Gilles Renesson, qu'il accuse de s'être approprié indûment certaines dîmes des bans de Manteville et d'Epiez; à Louis Perignon, fermier du moulin banal, qui n'entretient pas, comme le prescrit son bail, le ruisseau d'Urbule alimentant le moulin ; aux habitants de Vezin et Charency, au sujet de l'interdiction de passer sur un gué situé derrière sa maison « dont son pré fait l'entrée et qu'il n'est pas bien aise de voir fouler, et ravi de se décharger sur autruy ; » au mayeur de Vezin, Bertrand Doucet, touchant le troupeau de la communauté qui a endommagé une de ses chenevières ; à ses fermiers Jacquemin Poiret et consorts, qui se plaignent de sa déloyauté au sujet de clauses de leur bail qui n'ont pu être exécutées par suite des guerres, etc., etc. Bref, il était en querelle continuelle avec tous, même avec le fisc qu'il fraudait ; car un jour, il fut assigné à la requête du Directeur-Général des Entrées et Sorties de Lorraine « à comparaître par devant Monseigneur l'Intendant à Nancy, pour se voir condamné à la confiscation de dix-huit pièces de vin qu'il a fait entrer dans le pays de Lorraine depuis la Saint-Remy dernière, sans avoir acquitté les droits dus à Sa Majesté, comme à l'amende de cinq cents livres et dépens. »

Nicolas de Villelongue semble agir la plupart du temps avec mauvaise foi ; la preuve en est dans le procès que lui intentèrent à leur tour les habitants d'Epiez, l'accusant d'avoir produit un faux en justice, et il fut condamné de ce chef par la maîtrise des Eaux et Forêts de Longwy à 25 livres d'amende et autant de dommages-intérêts envers les demandeurs. Inutile de dire qu'il n'était pas aimé ; qu'on en juge d'après ce fait : en 1680, un de ses anciens domestiques, Jean Collin, « armé d'un pistolet » et accompagné de deux autres individus « porteurs de fusils » pénétrèrent dans le « poile » de la maison seigneuriale de Nicolas de Villelongue, « où estant, ils se seraient mis en devoir de le tuer ! » mais celui-ci « après avoir fait tout son possible pour les assassiner, exerça sur eux toutes les cruautés dont il s'est pu servir par des inhumanités des plus criminelles qui se soient encore vu, en telle sorte que les pauvres gens sont réduicts en un estat pitoyable, et chargés de coups mortels... » Malgré cela ils ne purent être appréhendés, et furent condamnés quelques jours après, comme contumax, par l'officier juge de la seigneurie d'Epiez, « aux gallères perpétuelles, leurs biens confisqués, cinq cents francs d'intérêts envers le plaignant, cinq cents francs d'amende, plus le coût de la sentence » ; ils en appelèrent du reste, en démontrant dans les termes cités plus haut, de quelle façon ils avaient été reçus...

Après tout ce qui vient d'être dit sur lui, on ne s'étonnera pas que Nicolas de Villelongue ait laissé le souvenir encore vivant d'un seigneur à l'humeur peu commode.

Mais les habitudes processives du Sr de Villelongue nous ont entraîné un peu loin ; revenons à Mathieu de Manteville. En 1681, il donna son dénombrement pour « la terre et seigneurie entière de Manteville, deux quarts et demy en la terre et seigneurie d'Espié, un cinquième en la seigneurie foncière du fief appelé la Folie, quelques rentes qui se payaient du passé à Charancy et le sixième en un sixième de la seigneurie foncière de Piedmont et deux chapons de rente au village de la Morteau, livrables en plume au terme de Saint-Etienne, lendemain de Noël ». C'est en « la chambre royale establie à Metz » que fut donné ce dénombrement, pour satisfaire aux ordres de Louis XIV, qui venait de mettre la main sur la Lorraine.

Mathieu de Manteville et Eléonore du Hautoy eurent six enfants, *Jean-François, Ferry, François, Philippe, Marie-Élisabeth* et *Barbe-Hyacinthe*. Mathieu mourut vers 1697. En 1700, Eléonore du Hautoy dénombre au duc de Lorraine, ce qu'elle tient en fief tant à Manteville, Epicz et la Folie, c'est-à-dire du côté de son mari, que dans les châtellenies ducales d'Etain et de Briey, pour son compte à elle. L'année précédente, elle avait fait procéder au partage entre ses cinq enfants vivants de tous les biens leur venant de leur père, ainsi que des siens propres ; parmi ces derniers, se trouvaient les censes de Sivry-le-Franc, Vaudoncourt, Gondrecourt, Fresnois-la-Montagne et Wavrille, des droits à Gouraincourt, à la Malmaison, à Fléville, le droit de terrage à Nouillompont ; les immeubles fiefs furent évalués à 56.970 livres, 17 sols, 6 deniers; ceux de roture à 13.238 livres, en tout 70.208 livres, 17 sols, 6 deniers, non compris le château de Manteville. Le partage, signé à Manteville le 8 juillet 1699, fut fait suivant la coutume de Saint-Mihiel, c'est-à-dire en quatre parts pour les biens fiefs, dont une pour chacun des trois fils et une pour les deux filles ensemble « deux filles comptant pour un mâle » et en cinq parts pour les biens de roture, une pour chaque enfant. L'aîné eut en plus, pour son droit d'ainesse, le château de Manteville, suivant qu'il était fixé par la coutume, c'est-à-dire seulement « avec ses appartenances de murailles » (ce qu'on appelait aussi le « vol du chapon » ou certaine étendue de terre alentour, généralement 40 pieds); mais pas même avec ses dépendances comme basse-cour, écuries, granges, jardins, dont il dut indemniser ses frères et sœurs.

Eléonore du Hautoy avait choisi pour arbitres dans ces estimations et partage ses neveux Jean-Michel et Mathieu de Wopersnow et Philippe-Honoré de Reumont, sgr de Blagny et de Vaudoncourt (issu du premier mariage de Jean de Reumont avec Ursule du Hautoy). Elle devait recevoir de ses enfants, en compensation de l'abandon de sa fortune, une pension viagère de 450 livres par an — heureux temps! — et encore, elle gardait son train de maison et deux domestiques au moins... Elle mourut le 18 novembre 1722, à 78 ans, chez sa fille Marie-Elisabeth, au château de Montquintin.

Nous avons dit que les enfants de Mathieu de Manteville et d'Eléonore du Hautoy étaient au nombre de six :

1° *Jean-François*, qui continue la descendance ci-après;

2° *Ferry*, mort probablement en bas âge, baptisé dans l'église de Torgny le 29 novembre 1670; le parrain fut Mathieu Blandin curé de Torgny, la marraine Anne-Charlotte de Wopersnow.

3° *François*, né en 1675 ;

4° *Philippe*, né et baptisé en 1681, eut pour parrain Philippe de Han de Martigny et pour marraine Marguerite de Wopersnow.

Dans le partage de 1699, François avait eu ce que son père possédait dans les seigneuries d'Epiez, soit deux quarts et demi, et de la Folie, les rentes « en plume et en argent » à prendre sur Charency, les droits de Gouraincourt, de la Malmaison, de Fléville ; ses comparsonniers pour Epiez étaient : Christophe de Wopersnow pour un demi-quart et Nicolas de Ville-longue pour un quart ; Philippe avait la moitié de la seigneurie de Manteville, de la cense de Sivry-le-Franc et des deux chapons de rente à Lamorteau, l'autre moitié étant à son aîné Jean-François. Philippe était aussi seigneur de Gourain-court, soit qu'il ait repris à son frère ses droits sur ce fief, soit qu'il en ait acquis une autre partie ; aussi était-il généralement connu sous le nom de « M. de Gouraincourt » suivant l'usage adopté au xviii° siècle, par lequel les cadets se faisaient dési-gner par un nom de terre, pour se distinguer de leur frère aîné ; — Gouraincourt est au sud de Spincourt.

François et Philippe habitaient Epiez, et ne se marièrent pas. En 1705 Philippe fut témoin au château de Domey, près Longuyon, au mariage de Christophe de Wopersnow son cou-sin avec Barbe-Louise de Custine, en même temps que Jean-Michel de Wopersnow, Henri et Gabriel de Reumont, et, du côté de l'épouse, Charles et Ernest-Léopold de Custine, Nicolas de la Grange-aux-Ormes et Charles de Boudonville, sgr de Delut.

François eut lui aussi des démêlés avec Nicolas de Ville-longue, son co-seigneur d'Epiez ; c'était au sujet de l'assiette de la subvention ; une ordonnance du duc Léopold en avait exempté l'un des fermiers de chaque seigneur haut-justicier ; il fallait donc répartir cette franchise proportionnellement à la part des trois co-seigneurs, ou bien en jouir chacun une année sur trois ; mais, « par rapport aux différentes difficultés agitées de la part du Sr de Villelongue », Jacques Thévenin le fermier de MM. de Manteville et de Wopersnow, n'avait pu encore profiter de cet avantage, depuis le commencement de son bail. Un arrêt de la Cour de Saint-Mihiel, pris à la requête de François de Manteville contre les asseyeurs de taille d'Epiez qui avaient compris ledit Thévenin sur le rôle de la subvention, enjoignit aux parties de s'assembler « afin de savoir d'entr' elles qui de leur fermier aurait la première année d'exemption. » Dans ce but François de Manteville convoqua à Longuyon, « au logis de Nicolas Mathieu où pend l'enseigne du Cheval blanc » son co-seigneur Nicolas de Villelongue ; mais celui-ci se garda bien de s'y rendre et « répondit par des subterfuges pour frustrer l'autre fermier de son droit » et c'est encore à la Cour de Saint-Mihiel qu'il fallut recourir pour lui faire entendre raison.

François et Philippe de Manteville moururent à Epiez, l'un le 30 décembre 1756 âgé de 81 ans et 2 mois, l'autre le 16 avril 1759, âgé de 78 ans ; ils sont inhumés tous deux dans l'église, François « devant l'autel de la Sainte-Vierge, sous la tombe du milieu. » Nous verrons que quelque temps avant leur mort, ils avaient disposé de la plus grande partie de leurs biens, en faveur d'un de leurs neveux, au détriment de l'autre.

5° *Marie-Elisabeth*, qui épousa le 2 avril 1699, Ernest-Albert-Michel comte de Suys, sgr de Montquintin et de Couvreux, né en 1678 et fils d'Ernest-Ferdinand et d'Odile-Thérèse-Rose de Lohinel. — La famille de Suys est originaire de Hollande, comme l'indiquent du reste la finale de son nom et les « trois moutons à piloter » de son blason ; elle était titrée de l'Empire, sous lequel plusieurs de ses membres occupèrent de hautes charges militaires, et vint s'établir dans le Luxembourg, à Montquintin, seulement au XVIIe siècle. En effet, c'est en 1638 que cette terre fut cédée par les de Reinach, vieille famille d'Alsace, à Charles Roland baron de Suys et de Grisort, colonel d'un régiment de cuirassiers au service de l'Empereur, et aïeul d'Ernest-Albert.

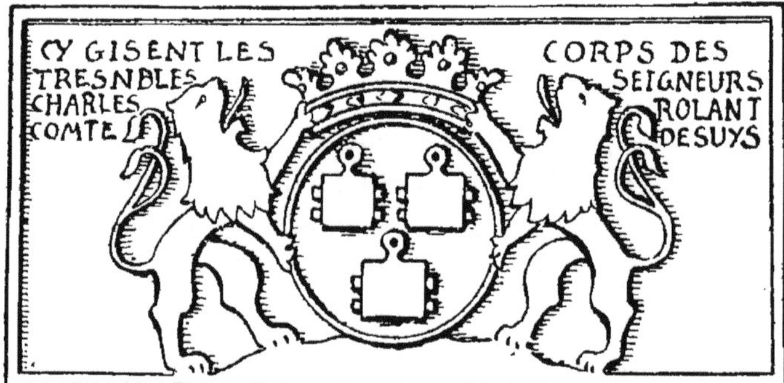

Dessin de M. E. des Robert.

Ernest-Albert de Suys et Marie-Elisabeth de Manteville eurent de nombreux enfants ; plusieurs moururent jeunes, les seuls qui vécurent sont : François-Joseph-Innocent, Philippe-Charles, restés célibataires, et Eléonore-Hyacinthe ; le premier mourut le 29 août 1774 à Charency-Vezin, âgé de 74 ans, le second le 5 janvier 1767, âgé de 60 ans, aussi à Charency-Vezin où il fut inhumé dans l'église ; avec eux s'éteignit cette famille. Leurs père et mère le comte de Suys et sa femme étaient morts tous deux au château de Montquintin qu'ils habitaient, lui le 1er mars 1715 et elle le 1er mars 1727 ; ils sont inhumés dans la chapelle latérale, dite des seigneurs, de l'église paroissiale, comme l'indique une plaque de marbre fixée au mur.

L'important château fort de Montquintin, fief des de Suys jusqu'à la fin du xviiie siècle, a été détruit pendant les guerres de la Révolution, en 1794. Il en reste encore trois tours rondes bien conservées, et des vestiges de remparts à pic sur la vallée, d'où on a une vue magnifique du côté de la Belgique.

6° *Barbe-Hyacinthe*, qui ne se maria pas et mourut aux environs de l'année 1711, laissant ses biens à ses frères et sœur.

9e degré

Jean-François de Manteville.

Né en 1669.

Il fut parrain en 1695, à Longuyon avec Marguerite Françoise de Tige, dame de Bouxières, de Jean François de Gorcy, fils d'Henri Gilles et de Marie de Chamissot. Il épousa le 29 août 1699, Odile-Thérèse baronne de Suys, dame de Dampicourt et de Montquintin, née au château de Montquintin en 1676 et sœur d'Albert-Ernest de Suys.

Sous Jean-François, le signe de la haute justice était tombé encore une fois, en bien mauvais état, paraît-il ; car le 25 juillet 1703, Jean-François et ses deux frères François et Philippe, ainsi que Nicolas de Villelongue, en tant que seigneurs les uns de Manteville et les autres d'Epiez, s'assemblèrent à Vezin, afin de « marchander des ouvriers pour le rétablissement du signe patibulaire, lequel sera replanté et érigé au même lieu où il a esté de toutte ancienneté. » Les frères Landroy et Henri Lallemand, charpentiers à Vezin, s'engagèrent à faire le nécessaire, moyennant 9 livres plus la fourniture du bois.

Nous avons vu que Jean-François n'était seigneur de Manville que pour moitié, contrepartant avec son frère Philippe. En 1714, il acquiert un quart de la seigneurie et justice foncières de Vezin et Charency, sur Jean-Louis de Gorcy, sgr de Villette, de Vezin et de Charency, enscigne aux Gardes de S. A. R. de Lorraine et résidant à Villette, moyennant 2000 livres et, en 1719, un autre quart sur dame Gabrielle de Roussel Veuve de messire Léonard Boyer, baron de Landre, sgr de Ruette ; le reste appartenait alors aux héritiers de Nicolas de Villelongue, les de Batilly, et aux héritiers des sieurs baron Lamothe et Aubry, ci-devant fermiers des domaines, qui l'avaient reçu du roi, par confiscation sur le Sr Louis de Charency. Jean François fit, en 1720, le dénombrement de ces acquisitions à Louis XV, de qui ces terres relevaient, comme faisant partie de la prévôté et châtellenie de Marville. La vérification et l'acceptation de ce dénombrement furent faites à la Chambre des Comptes de Metz le 21 janvier 1723 ; ce ne fut pas toutefois sans donner lieu à opposition, par la communauté de Charency d'abord, qui contestait au Sr de Manteville le droit à la moitié aux assises, puis par divers habitants, au sujet de rentes dues sur des pièces de terre, ensuite par les de Batilly qui déniaient une redevance fixe de trois gros à prendre sur les forges et fourneaux de Charency dont ils avaient hérité de Nicolas de Villelongue, et enfin par les doyens chanoines et le chapitre de l'église cathédrale de Metz qui prétendaient que le Sr de Manteville ayant fait insérer dans son dénombrement « qu'il avait le premier honneur en l'église paroissiale, pour y poser et placer banc ou siège, et sa place au lieu le plus honorable, de recevoir l'eau et le pain bénits préférablement à tous autres et de marcher le premier aux processions, après le clergé », semblait par cette énonciation les « exclure s'ils se trouvaient sur les lieux, encore qu'ils soient incontestablement seigneurs haut justiciers, moyens et bas, sans part d'autruy, dudit lieu ». Mais tous furent déboutés de leurs prétentions par le Parlement de Metz qui décida, en outre, que la rente due sur les fourneaux de Charency serait payée quand ceux-ci seraient rétablis, et, « ayant aucunement égard à l'opposition formée par MM. de la catédrale de Metz, leur donna acte de la déclaration faite par le Sʳ et la Dame de Manteville qu'ils ne prétendaient aux droits honorifiques à l'église, qu'après les dits sieurs de la cathédrale de Metz, lorsqu'ils seraient sur les lieux. »

Nous venons de citer les de Batilly, comme descendants de Nicolas de Villelongue : celui-ci mourut avant 1715 ; il avait épousé Anne-Charlotte Richard, fille de Claude Richard capitaine et prévôt d'Etain et laissait pour héritiers de sa part dans la seigneurie d'Epiez : Claude de Villelongue, son fils résidant à Epiez où il mourut le 31 mars 1734 à l'âge de 68 ans et qui fut inhumé dans l'église ; et trois filles : Marie-Hélène de Villelongue épouse de Mathias de Sailly demeurant aussi à Epiez ; elle y mourut en 1747 et son mari en 1751 sans laisser d'enfants ; Gabrielle-Philiberte de Villelongue épouse d'Adrien de Harbonnier sgr de Nantimont ; ils demeuraient à Marville et n'eurent pas d'enfants ; Reine de Villelongue qui fut mariée à François Richard chevalier de Batilly ; ils eurent quatre fils dont plusieurs habitèrent Epiez jusqu'en 1769 ; et le petit fils de l'un d'eux fut le dernier descendant des de Villelongue qui ait possédé la part qu'avait cette famille dans la seigneurie d'Epiez. Il l'échangea en effet contre celle de Petit-Xivry en 1779.

Jean-François de Manteville mourut le 20 juin 1741 à Manteville, dans sa 72° année, « après une maladie de quelques mois et après avoir été administré des sacrements que l'Eglise accorde aux moribonds » ; il fut inhumé le lendemain 21 dans l'église d'Epiez par M. le curé Gobert.

Les enfants qu'il avait eus de son mariage avec Odile-Thérèse de Suys sont :

1° *François-Christophe-Innocent*, dont il sera parlé plus loin ;

2° *Philippe-Raphaël*, qui continue la descendance ci-après ;

3° *Philippe-Louis-Ferdinand-Denis*, fut religieux bénédictin et capitulaire de l'abbaye impériale de Cornelü-Munster (près d'Aix-la-Chapelle, ordre de Saint-Benoit) et prévôt de Richartznoven ; il mourut le 18 mai 1770 à Epiez et fut inhumé dans le chœur de l'église.

4° et 5° *Jean-Michel* et *Jean-François*, dit Jean-François de Montquintin ; servirent tous deux en même temps pour le compte de la France dans le régiment de Lenck (d'Appelgrehn en 1735, noms des colonels, un peu plus tard Royal-Suédois-Infanterie) ; Jean-Michel, dit M. le chevalier — il venait sans doute immédiatement après l'aîné — fut lieutenant en second le 5 novembre 1733 et lieutenant en premier le 31 octobre 1734 ; son frère M. de Montquintin fut lieutenant en second le 31 octobre 1734 ; ils prirent part tous deux à la campagne sur le Rhin en 1734 et 1735 et étaient en garnison à Philippsbourg, quand ils moururent l'année suivante à deux mois d'intervalle, nous ignorons dans quelles circonstances ; ce que nous savons de leur fin si prématurée nous est donné par leurs actes de décès que voici :

« Extrait du certificat de la mort de défunt M. Michel de Manteville, décédé près de Sarrelouis le 31 octobre 1736 :

Nous soussigné, Michel Nanor prêtre, prévôt de la très noble abbaye de Fraulautern sur la Sarre proche de la ville Royale

de Sarrelouis, certifions à tous ceux qu'il appartiendra que
M. Michel le Chevalier de Manteville, lieutenant en premier
dans le régiment d'Appelgrehn pour lors en garnison à Philippsbourg est venu à notre abbaye malade et y est mort en véritable bon chrétien catholique apostolique et romain, après
avoir reçu les derniers sacrements de notre mère la Sainte-
Eglise le 31 du mois dernier, et a été enterré dans l'église de
ladite noble abbaye par nous soussigné le 2 novembre du mois
présent. En foi de quoi, nous avons signé le présent et avons
apposé notre cachet ordinaire ledit 2ᵉ jour de novembre 1736
dans notre dite abbaye. »

« Extrait mortuaire de deffunt M. Jean François de Montquintin de Manteville ; 13 septembre 1736 à Philippsbourg :

Extractus ex mortuo logio ecclesiæ parochialis ad B. Imma-
culate Conceptam Philippsburgi Dioces. Spirensis :

Anno Domini millesimo septingentesimo trigesimo sexto,
die 13 ᵗⁱᵃ septembris, omnibus Ecclesiæ sacramentis rite muni-
tus, in Domino placide et in voluntatem Dei resignatissimus,
obiit perillustris ac generosus Dominus Joannes Franciscus
de Montquintin de Manteville, de inclyto germanico potissi-
mum milite conscripti Regiminis d'Appelgrehn locum tenens, seu
Lieutenant et altera die post, cum honoribus qualitate et stirpe
sua dignis, in supra dicta ecclesia parochiali solemniter inhu-
matus est, actum sepulturæ faciente J. G. Schiller paroch. »

Ce qui signifie :

« Extrait du registre mortuaire de l'église paroissiale de
l'Immaculée Conception à Philippsbourg, diocèse de Spire. L'an
du Seigneur 1736, le 13 septembre, mourut, paisiblement dans
le Seigneur et très résigné en la volonté de Dieu, muni suivant
le rite de tous les sacrements de l'Eglise, le très illustre et
noble seigneur Jean François de Montquintin de Manteville,
lieutenant dans le très célèbre régiment d'infanterie allemande

d'Appelgrehn ; il fut solennellement inhumé le lendemain avec les honneurs dignes de sa qualité et de son extraction dans la susdite église paroissiale, par le ministère de J. G. Schiller curé de la paroisse. »

6° 7° et 8° Trois filles, *Marie-Catherine-Ursule*, *Marie-Catherine-Hyacinthe* et *Marie-Gabrielle* qui furent religieuses au couvent de Marienthal ; ce couvent, situé près de Mersch, à trois lieues de Luxembourg, était un monastère de filles nobles, de l'ordre de Saint-Dominique, fondé en 1231 ; on n'y admettait que des personnes d'ancienne noblesse, « issues de quatre générations de père et de mère, non altérées par mésalliance. » Marie-Catherine-Ursule y fut reçue le 19 octobre 1721 ; Marie-Gabrielle, dite Gabrielle de Montquintin, un peu plus tard. Marie-Catherine-Hyacinthe fut prieure à partir de 1754. En 1784, au moment de la suppression du couvent, en vertu de l'édit de Joseph II qui interdisait les ordres contemplatifs dans les Pays-Bas, l'une d'elles au moins y était encore. La dot de Marie-Catherine-Ursule fut de 400 écus de France à 3 livres pièce. Ses parents fournirent en plus, le jour de la profession, ce qui était nécessaire en habits, ornements et meubles. En 1726, ils cédèrent en payement de ladite somme leur part des dîmes de Lamorteau ; en 1733, ils donnèrent en toute propriété leur part de la menue dîme — 16 écus par an — en reconnaissance de ce que le couvent avait reçu sans dot leur fille Gabrielle de Montquintin.

De 1721 à 1740, il y eut en même temps cinq demoiselles de Manteville religieuses dans le couvent ; outre les trois filles de Jean-François, il y avait aussi *Marie-Catherine* et *Marie-Ursule*, déjà sœurs en 1703, mais dont nous n'avons pu établir de qui elles étaient filles ; il semble, par le rapprochement des dates, que ce doive être de Mathieu de Manteville et d'Eléonore du Hautoy, mais ce n'est qu'une supposition. Marie–Catherine fut prieure pendant plus de 30 ans, de 1709 à 1740 ; elle fit reconstruire le monastère qui tombait en ruine et rebâtir l'église de Rachecourt (au nord de Longwy). Le couvent possédait en effet les dîmes de cette seigneurie. Deux cartouches anciens, placés dans l'église, rappellent cette reconstruction ; on les voit encore sur le portail intérieur à droite et à gauche de l'entrée où M. l'abbé Weyrich, curé actuel de Rachecourt, les a fait mettre après l'exécution, en 1907, d'importants travaux à son église.

Dessin de M. E. des Robert.

CARTOUCHES ET INSCRIPTIONS DANS L'EGLISE DE RACHECOURT.

François-Christophe-Innocent de Manteville, l'aîné des enfants de Jean-François et d'Odile de Suys, naquit le 3 juin 1700 ; il fut baptisé le même jour et eut pour parrain François-Christophe de Custine, sgr de Villy, et pour marraine Innocente de Roucy, femme de M. de Heules, alors Lieutenant de Roi à Montmédy.

En 1715, il fut présenté pour être page du duc de Lorraine, Léopold, puis il servit dans le régiment de Lenck, ou Royal-Suédois : premier lieutenant le 3 novembre 1733, lieutenant à la compagnie Lieutenante-Colonelle le 31 octobre 1734, capitaine en second le 1ᵉʳ février 1742, capitaine d'une compagnie le 6 janvier 1744, et enfin capitaine « second factionnaire », c'est-à-dire un des deux plus anciens qui étaient désignés pour remplacer le capitaine de grenadiers, en cas de vacance ; en 1748, il fut mis à la suite ou « reformé », on appelait ainsi la position des officiers quittant leur corps quand on le reformait ou réduisait, tout en gardant leur brevet, mais avec des appointements moindres ; il lui fut accordé une pension de 600 livres. Il était chevalier de Saint-Louis et avait fait les campagnes suivantes : Rhin, 1734-1735 ; Bavière et Bohême, 1742-1743 ; Rhin, 1744-1745 ; Flandre, 1746-1747-1748.

Ils étaient quatre frères en même temps dans le régiment de Lenck, au service de la France : François-Christophe, Jean-Michel, Jean-François et Philippe-Raphaël, que nous verrons plus loin. Ce régiment fit campagne en Allemagne, de 1733 à 1735, pendant la guerre de la succession de Pologne ; après avoir contribué à l'occupation de Nancy et de la Lorraine, il était, en 1734, à la prise de Trèves, de Traërbach et de Philippsbourg et, en 1735, au combat de Klausen ; puis, il vint tenir garnison à Huningue et à Strasbourg ; il quitta cette dernière ville en 1742, quand commença la guerre de la succession d'Autriche ; il prit part aux affaires de Frawemberg, de Wodnian et de Sahay, en Bohême, et se trouvait dans Prague au moment de l'héroïque défense de cette place, par Chevert. Pendant une sortie, son colonel, Appelgrehn, fut tué ; Louis XV,

OFFICIER ET DRAPEAU DU RÉGIMENT ROYAL-SUÉDOIS.

En 1736 (régiment d'Appelgrehn) l'habit était bleu ; la veste, la culotte, les parements et la doublure rouges ; les bas blancs ; les boutons d'étain plats, et le chapeau bordé d'argent.

Le régiment avait dix-huit drapeaux dont un blanc et dix-sept d'ordonnance bleus à croix blanche avec une fleur de lys d'or dans chaque carré.

pour témoigner au régiment sa satisfaction de la valeur qu'il avait montrée dans cette occasion, le mit sous le titre de « Royal-Suédois » (depuis sa création, en 1690, tous ses colonels, hormis le premier, avaient été suédois, ainsi que les troupes qui avaient servi à le composer à l'origine) et lui accorda les privilèges dont jouissaient les régiments royaux. En 1743, il est encore en Bavière, au siège d'Egra ; en 1744, sur le Rhin, à la reprise de Weissembourg et aux combats de Augersheim et Pfaffenhofen, en 1745. Enfin, pendant la campagne de Flandre, de 1746 à 1748, il se distingua à Raucoux, participa à la défense des bords de la Meuse et termina la guerre devant Maëstricht. Après la paix d'Aix-la-Chapelle, il fut « reformé », c'est-à-dire remis de quatre bataillons à trois, puis à deux.

Nous venons de résumer la période de l'histoire de ce brillant régiment pendant laquelle quatre de Manteville y furent officiers, parce que ceux-ci prirent part aux campagnes de guerre que nous avons relatées et sans doute aussi, à quelques-uns, tout au moins, des glorieux faits d'armes dont s'honore Royal-Suédois.

En quittant l'armée, François-Christophe revint habiter Manteville ; il en était seigneur pour un quart seulement, suivant un partage fait en 1749 avec son frère, Philippe-Raphaël, qui en avait, comme lui, un quart. L'autre moitié appartenait à leur oncle Philippe.

Il était aussi seigneur en partie de Dampicourt, Montquintin et Couvreux, du chef de sa mère. En 1750, il acquiert un sixième de la seigneurie foncière de Charency et Vezin sur le Sr Jean Thiery Ocahanne, aide-major de la ville de Lille, et sa femme, moyennant 150 livres. Trois ans après, il fait un échange avec Christophe de Reumont, résidant à Flassigny ; il lui cède ses droits dans les seigneuries de Montquintin et

Couvreux et partie dans celle de Dampicourt, contre un douzième de la seigneurie de Torgny avec un huitième dans la
rivière de Chiers.

François-Christophe avait, alternativement avec son frère, et
comme ses aïeux, le droit de présentation et nomination, ou
« patronage » pour un bénéfice attaché à une chapelle érigée
en l'église paroissiale de Marville sous l'invocation de Saint-
Jean-Baptiste, et connue sous le nom de « chapelle de Manteville » ; entr'autres revenus de ce bénéfice, nous connaissons
celui de trois francs barrois par an pour une messe à dire à
perpétuité chaque semaine pour l'anniversaire de dame Nicole
de Manteville. En 1754, Nicolas Villez, à qui le bénéfice
avait été conféré, et probablement frère ou neveu du curé
d'Epiez à cette époque, s'était engagé à « dire les messes à la
décharge du bénéfice dans la chapelle qui sera construite au
lieu de Manteville, au cas que le bénéfice y soit transféré. » Il
est dit en 1769 que la chapelle de « Sainte-Jeanne », dont
MM. de Manteville sont patrons, primitivement dans l'église de
Marville, « se trouve maintenant en celle d'Epiez ». Il s'agit
probablement de la même.

En 1759, François-Christophe dénombre ce qu'il possède
dans le Luxembourg, savoir : un douzième de la haute,
moyenne et basse justice de Torgny, un huitième de la rivière
de Chiers sur tout le ban de Torgny, provenant de l'échange
dont nous venons de parler, un pré et trois arpents de bois ;
à Dampicourt, la moitié de la maison seigneuriale ; un cinquième dans les deux tiers de la haute, moyenne et basse
justice, droits et terres en grand nombre ; plusieurs revenus
et rentes à Rouvroy. Ses comparsonniers dans la seigneurie
de Torgny étaient en 1769, M. de la Fontaine, M. de Martigny
et sa femme née de Wopersnow et M. de Reumont.

Un peu plus tard, il charge, ainsi que son frère Philippe-

Raphaël, Jean-Baptiste de Reumont, capitaine au régiment de Champagne, de faire, en leur nom, à Metz, à la Chambre des Comptes du Parlement, les foi et hommage pour ce qu'ils possèdent dans la seigneurie foncière, moyenne et basse de Vezin et dans celle de Charency, leur provenant en commun de la succession de leur père, pour une maison seigneuriale à Charency appartenant à François-Christophe seul, à lui échue de la même succession, et enfin pour une partie des droits seigneuriaux de Vezin-Charency aussi à lui seul par acquisition faite aux héritiers des S⁻ baron Lamothe et Aubry ; lesquels foi et hommage furent faits le 19 septembre 1765 puis entérinés par lettres royales le 9 janvier 1766. C'était un peu avant le mariage de son frère Philippe-Raphaël ; aussi François-Christophe estimait-il qu'à cause de cette circonstance le détail devait être donné très exactement; ayant relevé dans une rédaction que lui avait envoyée son ami de Reumont, plusieurs « fautes » qu'on lui « assure être essentielles », il les lui signale et lui écrit : « sy cela ne regardait que moy, je laisserait le tout au risque d'en être ce qu'il pourra dans les suites, mais come vous sçavez de quoy il est question pour mon frère, je ne puis le luy faire voir dans l'état ou cela est. » Il se plaint aussi, à ce propos, de la négligence des « gens de pratique » chargés de ces sortes d'affaires : « tout cela est fait avec bien peu de soin; cependant les gens de pratique n'oublient pas de les faire bien payer exactement... » et plus loin : « ils font passer les fautes qu'ils font pour petites, et lorsqu'il s'agit de les disputer, ils les font passer pour grandes... »

Il vivait en grande mésintelligence avec son frère Philippe-Raphaël; il y avait entre eux deux une « antipathie inconcevable » dit le curé Welter, dans ses notes; nous ignorons quelle en fut exactement la cause, mais nous en trouvons constamment la manifestation dans leurs affaires de famille, dont aucune ne se fait amiablement. Ainsi, dès 1747, au moment du règlement de la succession de leur père, Philippe-Raphaël fait, par signification d'huissier, sommation à son frère de procéder au partage « des biens immeubles et de tous autres. » François-Christophe lui fait répondre — tous deux étaient encore au service — qu'il ne « s'y est jamais opposé, qu'au contraire il luy importe d'y parvenir incessamment, pourquoy il dénomme pour expert de sa part M. le Baron de Failly sgr de Petit et Grand Failly et somme son frère d'en dénommer un de la sienne dans la huitaine, d'une condition et preudhomie relative et proportionnée. »

Ce partage, qui fut effectué en 1749, ne dut pas se faire sans difficulté, à en juger par le « Quœritur » adressé à deux avocats MM. Grofey et Mathey et dans lequel on leur demande ce que l'aîné peut avoir en avant part pour son droit d'aînesse, si la haute, moyenne et basse justice, ainsi que le droit de terrage lui appartiennent à l'exclusion de son frère cadet; si leur mère a pu, par testament, ôter le droit d'ainesse à son fils aîné et ordonner un partage égal de ses biens; si, nonobstant le droit d'aînesse, le cadet peut prétendre à une part dans les droits seigneuriaux, etc..., etc...

François-Christophe — « M. de Manteville » comme on disait, tandis que Philippe-Raphaël était « M. le chevalier » pour le distinguer de son frère aîné — M. de Manteville donc, ne semble pas non plus avoir toujours été en très bons termes avec son oncle Philippe. Ainsi, en 1755, la jouissance de la vaine pâture sur le ban de Manteville et de la pêche sur la rivière fit l'objet d'une contestation qui indique des relations peu amicales : François-Christophe, seigneur d'un quart seulement de Manteville, prétendait pouvoir faire pâturer autant de bétail qu'il jugerait à propos, et pêcher indifféremment sur toute la rivière, ses deux co-seigneurs Philippe et Philippe-

Raphaël pouvant faire de même ; mais ceux-ci s'opposèrent à cette manière de faire, estimant que chacun devait user suivant ses droits, et demandèrent la fixation du nombre de têtes de bétail que les uns et les autres pourraient mettre, ainsi que le partage de la rivière en partie proportionnelles, « les bons endroits compensés avec les moins bons ». Sur ces questions, deux avocats de Nancy furent encore consultés par Messieurs de Manteville d'Epiez, pour régler le différend.

Enfin, à cette époque, François-Christophe fut déshérité en partie par ses oncles François et Philippe tant par testaments que par donations faites de leur vivant en faveur de Philippe-Raphaël. Il n'apprit ces dispositions qu'à la mort de François de Manteville, en 1756, et cette déception semble avoir encore accentué son ressentiment vis-à-vis de son frère, à en juger par ce qui se passa alors. En effet, aussitôt après le décès de François, le 30 décembre 1756, Philippe son frère, Philippe-Raphaël son neveu, et François-Joseph, Philippe-Charles et Eléonore-Hyacinthe de Suys, ses petits neveux et petite nièce, invitent François-Christophe, toujours par voie d'huissier, à assister à l'ouverture du testament, disant que « la succession doit appartenir aux héritiers présomptifs du défunt, à moins qu'il n'en ait disposé autrement par donation entre vifs ou par testament. » M. de Manteville « ne daigne pas répondre » ; ils procèdent alors sans lui à l'ouverture du testament par lequel leur oncle François instituait son frère Philippe unique héritier de sa part dans les seigneuries d'Epiez et de la Folie ; puis ils s'adressent au lieutenant-général du bailliage pour faire assigner François-Christophe, afin de « voir ordonner qu'il sera procédé au partage à frais communs des immeubles de roture sis à Epiez et Wavrille, délaissés par Messire François de Manteville et à l'égard desquels il est décédé intestat. » En réponse à cette invitation, Francois-Christophe fait remarquer

« qu'il s'est aperçu qu'il y avait une espèce de réserve dans le
partage provoqué, en ce qu'il est fait mention qu'il ne devait se faire que des biens dont le défunt n'avait point disposé,
soit par acte entre vifs, soit par testament, et que par les dernières conclusions des requérants, il n'est nullement fait mention de donation entre vifs ny de testament, mais que, par
une clause assez obscure, l'on a provoqué seulement le partage de tous les biens de roture ; pourquoy il déclare aux uns
et aux autres qu'il est tout prêt de procéder au partage de-
mandé ; à charge néanmoins par le Sr Philippe-Raphaël chevalier de Manteville de se déclarer dans les vingt-quatre
heures s'il entend soutenir la validité de l'acte entre vifs dont
est fait mention par la première signification, se réservant de
prendre son parti après que l'on se sera déclaré sur ce point. »
Réponse affirmative de Philippe-Raphaël et sommation de
nommer des experts pour le partage. Entre temps, M. de Manteville consulte le registre de la haute justice d'Epiez, et il y
voit transcrites les donations faites en faveur de son frère, le
3 juillet 1756, non seulement par François, mais encore par
Philippe qui, l'un et l'autre, « voulant montrer des preuves de
l'amitié et de l'affection qu'ils portent à leur neveu Philippe-
Raphaël » lui donnent, le premier sa maison d'Epiez avec ses
aisances et dépendances, le second sa part dans la seigneurie
de Manteville, c'est-à-dire la moitié, avec la ferme et tout ce
qu'il y possède en terres, prés et bois, sous réserve chacun de
l'usufruit leur vie durant. Ce dut être une dure révélation pour
François-Christophe ; aussi, il ne se présente pas à l'audience
à laquelle il était convié ; le bailli donne défaut contre lui, et
ordonne le partage. Il appelle de cette sentence, de « tout ce
qui a précédé, suivi et pourrait suivre ». Puis il semble reve-
nir à de meilleurs sentiments, car, cinq jours après, il renonce

à son appel, nomme ses experts et le partage peut avoir lieu ; mais toutefois, il n'y assista pas (26 mars 1757).

Les biens dont il s'agissait consistaient en : moitié d'une cense à Wavrille, estimée 6.000 livres, dont Philippe avait déjà l'autre moitié ; terres à Epiez et prés à Vezin, d'une valeur de 2.547 livres, et une maison à Epiez, « royer la maison du Chatry et le verger appelé le Carabin », valant 726 livres.

Mais, dès qu'il eut hérité de son frère, Philippe voulut faire plus encore qu'il n'avait fait déjà, en faveur de son neveu préféré, tout en frustrant en même temps François-Christophe ; en effet, le 9 mai 1757, c'est-à-dire deux mois à peine après la fin de ces questions d'intérêts traitées des deux côtés avec tant d'animosité, il donna à Philippe-Raphaël tout ce qu'il possédait dans les seigneuries d'Epiez et de la Folie, soit les trois quarts pour la première et la moitié pour la seconde, lui provenant tant de la succession de son frère que de l'acquêt qu'il avait fait à M. de Wopersnow de son huitième d'Epiez.

Heureusement pour M. de Manteville que, s'il ne rencontrait guère d'affection chez ses oncles et son frère, avec lesquels nous venons de voir qu'il s'entendait si mal, il trouvait par contre des compensations dans ses voisins, amis ou parents : nous savons qu'il voyait souvent le comte de Vaux, célibataire comme lui et qui habitait le château de Bleid ; ils se rejoignaient d'habitude à cheval à mi-chemin de leurs demeures. En 1723, il avait été parrain, avec Catherine de Gevigny, marraine, de Catherine de Laitres fille de M. de Laitres et de Marie-Marguerite d'Everlange, au château de Rossignol, (sur la Semoy). Plus tard, en 1752, il est témoin à Tichémont (annexe de Hatrize) au mariage de sa parente Catherine-Angélique du Hautoy, chanoinesse de Saint-Pierre de Metz, avec le baron Philippe de Coudenhove. En 1765, il signe avec le comte de

Lepinnes de Beaufort, le baron Christophe de Reumont et le comte Joseph de Suys l'attestation des seize quartiers de noblesse de Joseph Louis Mathias de la Fontaine et d'Harnoncourt.

Mais, c'est surtout avec Jean-Baptiste de Reumont qu'il était lié d'une sincère et profonde amitié. Celui-ci était cependant bien plus jeune, il avait 23 ans de moins ; mais, il était son parent assez proche, puisqu'il avait pour bisaïeule Marguerite de Manteville, et de plus les relations entre leurs deux familles dataient de fort longtemps ; ils se voyaient fréquemment pendant les séjours que M. de Reumont faisait en Lorraine, quand il n'était pas à son régiment. Aussi lorsque M. de Manteville, fort irrité des avantages faits à son frère, et ayant vu par là s'accroître encore son antipathie pour lui, résolut de le déshériter, c'est à son « intime ami » de Reumont qu'il pensa, pour risposter, semble-t-il, par le même procédé dont ses oncles avaient usé envers lui. C'était loyal, mais peut-être pas très charitable. Même, le mariage de Philippe-Raphaël, en 1766, ne paraît pas avoir amené de détente dans les relations, car c'est peu de temps après cet événement, et bien plus, malgré l'espoir fondé de voir son nom se perpétuer chez son frère, à qui naquit un fils quelques mois plus tard, qu'il prend la détermination mûrement réfléchie, d'assurer de son vivant la transmission de tous ses biens à un autre que son héritier naturel, le seul qui lui restât de cette nombreuse famille, puisque son second frère et ses sœurs étaient dans les ordres. Et c'est à Jean-Baptiste de Reumont qu'il veut léguer tout ce qu'il possède, en n'en conservant que l'usufruit pendant sa vie.

Cette donation n'était pas d'un accomplissement facile, car les biens du donateur étaient situés partie en Lorraine (Manteville), partie en France (Charency et Vezin) et partie en Luxembourg, pays régis chacun par une coutume différente et plus ou moins large en ce qui concernait la disposition du patrimoine, ainsi, la coutume de Saint-Mihiel qu'on suivait en Lorraine et celle du Vermandois, à Charency et Vezin permettaient par la donation entre vifs de disposer de tous ses biens féodaux et roturiers sans restrictions, et avec la réserve de l'usufruit, pourvu cependant, dans la coutume de Saint-Mihiel, que le donataire fût noble pour les biens fiefs ; la coutume du Luxembourg, au contraire, interdisait la réserve de l'usufruit ; par contre, pour les testaments les deux premières coutumes restreignaient la volonté du testateur à une certaine quotité de biens en réservant aux héritiers collatéraux leurs parts coutumières ; tandis que la coutume du Luxembourg donnait pleine liberté au testateur de disposer de tout ce qu'il possédait sans exception.

Devant ces difficultés et, pour « ôter jusqu'au moindre prétexte à contestation dans l'avenir » — nous verrons qu'il n'eut pas tort de s'entourer de tant de précautions, — M. de Manteville consulte deux avocats au Parlement, l'un M. Evrard à Marville, l'autre M. Vestier à Verdun, qui lui indiquent la manière de procéder : donation entre vifs pour les biens situés en Lorraine et en France, avec réserve de l'usufruit, et legs par testament pour ceux situés en Luxembourg ; « et de plus », écrit M. Evrard, qui semble avoir été l'homme de confiance de M. de Manteville, « bien qu'un seul et même acte puisse comprendre la donation des biens situés en France et de ceux situés en Lorraine, puisque cette province est réunie à la couronne du même souverain, si les parties avaient quelque scrupule à ce sujet, elles pourraient pour se tranquilliser, passer une donation en Lorraine et une autre en France » ; et enfin, ajoute le même avocat, « comme il est plus expédient d'avoir des formalités de reste que d'en manquer, il serait encore à propos, comme le prescrit la coutume de Saint-Mihiel pour les ventes, que le donataire fut mis en possession par un notaire de Lorraine des biens situés en cette province, afin de donner d'autant mieux la publicité à l'acte et d'opérer d'une manière évidente la translation de propriété ». Comme conséquence de tout ce qui précède, François Christophe signa le 11 février 1767 à Manteville un premier acte dans lequel il déclare « qu'il est déjà avancé en âge, que désirant finir ses jours dans un état de tranquillité et de repos, il a besoin de secours, de consolations et d'être soulagé dans sa vieillesse et dans les infirmités qui en sont la suite ordinaire, qu'étant convaincu par de longues expériences de l'amitié et affection que lui a témoignées dans tous les temps son parent et intime ami, Messire Jean-Baptiste de Reumont, et voulant lui donner des marques sensibles de l'estime et de l'amitié qu'il a pour lui, aussi bien que de sa confiance en la bonté de son cœur, afin de l'engager d'autant mieux à lui continuer ses bons offices et à prendre de lui des soins plus particuliers dans ses vieux jours, maladie et infirmités, il ne peut prendre de parti plus conforme à son inclination que celui de lui donner, etc... » Suit l'énumération de tous les biens immeubles, féodaux et roturiers lui appartenant dans la terre et seigneurie de Manteville, ainsi que ceux qu'il possède sur le ban d'Epiez, le tout estimé entre les parties à 25.000 livres, cours de France, sous la réserve de l'usufruit, et à condition de venir, « autant que son état le lui permettra, » demeurer avec lui à Manteville, « y vivre avec intelligence, lui faire compagnie, le soulager dans sa vieillesse et infirmités et lui procurer et lui rendre tous les services dont il aura besoin, » sans toutefois qu'il « soit tenu de contribuer en aucune chose aux frais de nourriture, dépenses et entretien du donataire ; » mais que si dans la suite, « il désirait rester seul, il lui sera libre d'en prévenir ledit donataire, qui sera tenu en conséquence de se retirer, jusqu'à ce qu'il plaise au donateur de le rappeler. »

François-Christophe trouva-t-il que ces dernières conditions étaient un peu dures? car il ajouta de sa propre main, à la fin de l'acte :

« Je soussigné déclare que jay dispensée et dispence M' jean baptis de Reumont dénomé au présent contract dabiter avec moy — de Manteville. »

Par un second acte passé à Marville le 19 mars de la même année 1767, avec les mêmes considérants, réserves et conditions, il lui donna tous ses biens sis à Charency et Vezin, estimés 4.500 livres. Le notaire mentionne en terminant que « le donateur s'est déssaisi desdits biens pour en saisir et mettre en possession le donataire, ce qui a été fait par la tradition d'une bûchette, mise entre ses mains, au désir de la coutume du Vermandois. » Cette pratique originale qu'on retrouve dans nombre de ventes et cessions d'autrefois, consistait à rompre, au moment de conclure, une petite branche appelée « bûchette, » et à remettre un des fragments à chacune des parties contractantes, à titre de gage.

Pour les biens de Manteville et d'Epiez, du ressort de la coutume de Saint-Mihiel, M. de Reumont fut « mis en possession » par un notaire du bailliage de Longuyon. Cette formalité eut lieu le 30 novembre 1767 : « nous nous sommes transporté, » dit le notaire dans son procès-verbal, « audit Manteville, avec deux témoins, Nicolas-Michel menuisier à Vezin et Charles Nivelet, domestique à Manteville, et où estant, nous avons invité le S' de Reumont, requérant, de faire feu et fumée en une des chambres, et de suite sommes passé au jardin y attenant et où estant, luy avons mis une motte de terre d'iceluy à la main, après quoy nous nous sommes transporté sur une pièce de terre, en la saison dite derrière le jardin, de laquelle nous luy avons encore mis une motte de terre en main etc... »

Ces donations avaient été « insinuées » (enregistrées) et publiées en jugement au greffe du bailliage de Longuyon le 11 mars 1767 et à celui de Marville le 26 mars suivant, ainsi qu'au siège de la haute justice des seigneuries de Manteville et d'Epiez le 11 avril, puis confirmées le 30 du même mois, par lettres patentes du Roi en tant que seigneur féodal suzerain. Philippe-Raphaël dut donc être mis au courant des dispositions de son frère, d'autant plus aussi que M. de Reumont prit ouvertement dans la suite, et à plusieurs reprises, la qualité de seigneur de Manteville. Les relations des deux frères n'en durent pas être améliorées; nous les voyons en effet, deux ans après, encore en contestation au sujet des deux chapons de rente de Lamorteau et de deux propriétés sises sur le ban de Torgny, le « bois Toupet » et le « pré Isoré » ou « Moré » venant des successions de leur père et de leur oncle Philippe et restés dans l'indivision : ils en firent le partage en 1772; François-Joseph de Suys y intervint pour la part qui lui revenait comme neveu de Philippe.

Pour ses biens situés en Luxembourg, François-Christophe les lègue aussi, par son testament daté à Manteville du 4 octobre 1776, à son ami, ainsi que tous ses meubles et effets mobiliers, à charge d'employer 400 livres, cours de France, pour faire dire des messes à son intention, même somme pour distribuer aux pauvres et même somme à ses domestiques. Il nomme pour être ses exécuteurs testamentaires M. Jean Dupont, curé de Rouvroy et M. Antoine Lambert, curé de Torgny ; le premier étant venu à mourir quelque temps après, il désigna à sa place M. George Génin, curé d'Epiez.

L'année suivante (1777), bien que déjà d'un grand âge, nous le voyons encore assister comme témoin à Petit-Failly, au mariage de sa cousine Marie-Anne-Charlotte de Failly, dame de Saint-Pancré, fille d'Antoine-Jean-Baptiste de Failly et de Marie-Anne de Reumont, avec le baron de Thomassin de

Juilly, sgr de Villiers-le-Sec, diocèse de Langres, chevalier de Saint-Louis, lieutenant-colonel de cavalerie, premier maréchal-des-logis des Gardes du Corps de Sa Majesté, gouverneur des ville et château de Nogent-le-Roi. Les autres témoins étaient : MM. de Failly, frères de l'épouse, et MM. de Reumont, ses oncles maternels.

Enfin, peu de temps avant sa mort, en 1787, par surcroît de précautions, semble-t-il, après toutes celles qu'il avait cependant déjà prises pour assurer l'exécution de ses volontés, « en vue de la sincère amitié qui a toujours régné et règne entre lui et Mᵉ Jⁿ Bᵉ de Reumont et voulant continuer à lui donner des preuves de ses sentiments, » il lui lègue de nouveau, par donation spéciale passée à Manteville, tout son mobilier, argenterie, effets, bestiaux, etc..., estimés à 4.000 livres de France, à charge de « lui faire faire des obsèques et funéraires suivant sa condition. »

François-Christophe de Manteville mourut, en son château le 11 mai 1788, à l'âge de 88 ans moins un mois, et fut enterré le lendemain dans le cimetière d'Epiez, devant l'ossuaire, en présence de Jean-Baptiste de Reumont, de Christophe de Reumont et de Gabriel-Jean-Baptiste baron de Failly, chevalier de Saint-Louis, ancien capitaine au régiment d'Austrasie, tous trois ses cousins. Dans son acte de décès, il est qualifié de baron, il en est de même dans ceux de deux de ses frères ; ce n'est là qu'un hommage honorifique rendu par le rédacteur de ces actes ; car, comme nous l'avons dit, les de Manteville n'étaient pas titrés.

10ᵉ degré

Philippe-Raphaël de Manteville, dont nous venons de parler longuement, né le 22 mars 1708, était le filleul de Philippe de Manteville, son oncle, et d'Odile-Thérèse de Lespine, femme

du comte de l'Etang, brigadier des armées du Roi et commandant de ses brigades de carabiniers. Il servit d'abord, en 1732,
dans les Gardes du Corps de Louis XV, y resta deux ans et de
là, fut nommé lieutenant, le 31 octobre 1734, dans le régiment
de Lenck, en même temps que ses trois frères ; mis à la suite,
à la réforme de 1737, il était de nouveau lieutenant en premier
le 12 avril 1741, capitaine en second le 23 octobre 1743 et
capitaine en pied le 19 octobre 1747 ; finalement, il se retira le
16 avril 1756, comme chevalier de Saint-Louis, avec une pension de 800 livres. Il comptait 24 ans de services et avait aussi
fait, de 1735 à 1748, les campagnes sur le Rhin, en Bavière, en
Bohême et en Flandre.

Nous avons vu que Philippe-Raphaël avait été particulière-
ment avantagé, au détriment de son frère aîné, par ses oncles ;
l'un, François, lui avait donné la maison, où il résidait, sise à
Epiez « proche le four banal et consistant en corps de logis,
cour, bâtiments, écuries, granges, colombier, jardin verger et
le morceau de terre en nature de chenevière compris dans l'enclos, avec la houblonnière derrière ; » l'autre, Philippe, sa
part dans les seigneuries de Manteville, d'Epiez et de la Folie ;
de plus, il lui avait légué par son testament daté du 10 février
1757, c'est-à-dire, au moment précis de leurs querelles avec
François-Christophe, tous ses meubles et acquêts immeubles ;
il n'y avait que ce qu'il possédait en Luxembourg dont il
n'avait pas disposé ; c'était peu important, et nous avons vu
que ses neveux se le partagèrent en 1772.

Philippe-Raphaël se trouvait donc être seigneur de Manteville pour trois quarts, d'Epiez aussi pour trois quarts, de la
Folie pour moitié et de Gouraincourt en partie ; il était seigneur foncier de Vezin et Charency pour une part, et avait
encore, venant du côté de sa mère, un huitième dans les seigneuries foncières, moyennes et basses de Montquintin, Cou-

vreux et Dampicourt, avec, pour comparsonniers, son frère ainé, Mlle de Suys et le comte de la Tour. Il reçut en 1756 et 1757 du Roi Stanislas, duc de Lorraine, des lettres de confirmation pour les donations qui lui avaient été faites, et, en 1768, 1769, 1772 et 1780, il produisit à la Chambre des Comptes de Bar ses foi et hommage et son dénombrement pour ces différents biens.

Il épousa, le 2 juin 1766, à Murvaux-en-Clermontois — près de Dun-sur-Meuse — Marie-Anne de Saint-Vincent, dame en partie du fief de la Cour de Murvaux, fille de Gabriel de Saint-Vincent, sgr dudit lieu, et de Geneviève Faucheur ; il avait 58 ans et elle 33. L'acte de mariage cite comme y ayant assisté : Antoine-Charles de Saint-Vincent, capitaine au régiment de Périgord-Infanterie, frère de l'épouse, et Charles-Antoine de Saint-Vincent, son cousin germain ; mais on n'y voit mentionné aucun membre de la famille de Manteville, ce qui ne surprend pas, étant donné le peu de sympathie existant entre les deux frères, déjà à cette époque.

De cette union naquit un fils, *Philippe-Louis*, qui suit ci-après.

Philippe-Raphaël mourut âgé de 79 ans, le 6 mai 1787, et fut enterré le 8 mai au cimetière d'Epiez, « au couchant de l'église, proche sa chapelle, lieu qu'il avait choisi pour sa sépulture et celle de sa famille », en présence de Jacques-François de Saint-Vincent sgr haut justicier de Récicourt, Parois, etc... lieutenant des maréchaux de France au département de Sainte-Menehould, capitaine commandant au régiment des grenadiers royaux de Lorraine, chevalier de Saint-Louis, son beau-frère ; de Jean-Nicolas de Gorcy, prêtre bénéficiaire au diocèse de Trèves, sgr haut justicier en partie de Villette, y résidant, son parent ; de Christophe-François-Noël-Jean Mullet de Girouzière, chanoine de la cathédrale de Verdun ; de Jean-François Wallerand, écuyer, gentilhomme de la salle royale de l'Empereur-Roi, sgr haut justicier du Mesnil et autres lieux, chevalier de Saint-Louis, capitaine retiré de la Légion royale, ses amis.

11ᵉ degré

Philippe-Louis de Manteville, né le 23 août 1767, fut baptisé dans l'église d'Epiez le même jour. Il eut pour parrain son oncle Philippe-Louis, religieux de l'abbaye de Cornelü-Munster et pour marraine sa tante Marie-Gabrielle de Manteville, religieuse à Marienthal. A 17 ans, il était sous-lieutenant « de remplacement » au régiment de Franche-Comté-Cavalerie, 13 septembre 1784, puis sous-lieutenant en pied le 4 juin 1786 ; en 1788, il fut incorporé avec une partie de son escadron dans les Hussards de Bercheny, et fut nommé lieutenant le 1ᵉʳ mai de cette même année ; pendant les quatre ans qu'il passa dans ce régiment, ses garnisons furent : Charleville, Charenton et les quartiers de la Sarre.

Emigré en mai 1792, il fut, nous ne savons combien de temps après, arrêté à Bodange-sur-la-Sûre, en Luxembourg, alors occupé par les français, puis ramené à Longwy, où il fut jeté en prison. On s'efforça de l'arracher au sort qui l'attendait ; nous en avons pour preuves les certificats qui furent établis en sa faveur pour obtenir sa mise en liberté, comme cela se faisait alors ; voici, transcrit textuellement, l'un de ceux que lui délivra la municipalité d'Epiez :

« Nous, maire, officier municipaux, agent national, conseil général de la commune d'Epiez, certifions que le nomé Philippe-Louis Manteville fils de deffun Philippe-Raphaël Manteville et de Marianne Saint-Vincent ses pères et mères, déclarons que le dit Philippe-Louis Manteville servait dans le régiment de Berchigny en qualité de Lieutenant, lequelle

Officier du Régiment des Hussards de Bercheny.

En 1788, la pelisse, le dolman, et la culotte étaient de drap bleu céleste foncé ; les parements garance ; le shako de feutre noir doublé de rouge ; la sabretache écarlate.

est émigré depuis environ 3 ans ; certifions que ledit Manteville s'étant comporté en honnaître homme pendant tout le temps qu'il a résidé dans notre commune avant son entré au service de la France, n'ayant rien reconue en lui qui lui soit reprochable, au contraire ayant toujours donné des marque d'honnaître homme, ce que nous attestons véritable. Délivré en la maison commune à Epiez, ce sept nivôse l'an troizième de la République française une et indivisible. (27 décembre 1794).

Signé : Jean Harmand, Saint-Vincent Manteville, N. J. Joannès, Joseph Pérignon notable, Henry Guillaume conseiller. »

Peu de mois après, il tomba gravement malade, et la seule faveur qu'il obtint fut d'aller mourir dans la maison d'un habitant de Longwy, « au domicile de la citoyenne Henrion », où il succomba le 28 germinal an III (17 avril 1795) à 27 ans.

Ainsi finit, à la fleur de l'âge, le dernier des Manteville.

Quatre ans après la mort de son fils, Mme de Manteville ne put même pas obtenir de le faire rayer de la liste des émigrés ; un arrêté du Directoire exécutif du 7 mai 1799 rejeta la demande qu'elle avait faite dans ce but ; on y lit des détails intéressants :

Ministère de la police générale de la République.

LIBERTÉ   ÉGALITÉ

Extrait des registres des délibérations du Directoire exécutif. Paris, le 17 floréal, l'an sept de la république française, une et indivisible (7 mai 1799).

Le Directoire exécutif,

Vu : 1° la pétition de la veuve Manteville, tendante à la radiation du nom de Philippe-Louis Manteville, son fils, de la liste des émigrés ;

2° le certificat à luy délivré par le ci-devant prévost de Bastogne en pays de Luxembourg, en date du 23 nivose an III (12 janvier 1795);

3° quatre copies de certificats délivrés à la requérante par des habitants de la commune d'Epiez, département de la Moselle;

4° copie de l'interrogatoire par lui subi devant les administrateurs du district de Longwy, le 7 germinal an III (28 mars 1795);

5° l'arrêté du représentant du peuple en mission dans le département de la Moselle, qui permet à Manteville de rester dans une maison particulière sous la responsabilité de l'administration municipale de Longwi, pour se faire traiter d'une maladie, en date du 5 germinal an III (26 mars 1795);

6° son acte de décès arrivé le 28 germinal an III (17 avril 1795);

7° l'arrêté du district de Longwi en date du 28 floréal an III (18 mai 1795) qui le maintient sur la liste des émigrés;

Considérant que Manteville a quitté, de son propre aveu, les drapeaux de la république, en mai 1792, pour passer en pays étranger; qu'il ne justifie point de sa résidence depuis cette époque, sur le territoire français, et qu'il ne peut invoquer aucune des exceptions établies par les lois sur l'émigration;

Ouï le rapport du Ministre de la police générale; arrête:

Art. 1er. — Le nom de Philippe-Louis Manteville est définitivement maintenu sur la liste des émigrés.

Art. 2. — Ses biens, meubles et immeubles sont confisqués et seront vendus au profit de la république, conformément aux lois.

Le Président du Directoire exécutif,

BARRAS.

Tous les biens de Philippe-Louis de Manteville, sis sur Manteville, Epiez et Torgny, héritage de son père, furent mis en vente ; ce fut sa mère qui les acheta. Enfin, celle-ci à la suite de l'amnistie générale de 1802 obtint, le 8 mai de l'année suivante, « un certificat d'amnistie pour fait d'émigration » au nom de son fils.

Un an après le décès de son mari, Mme de Manteville, qui habitait toujours Epiez, avait éprouvé une nouvelle perte : un de ses frères, Jean de Saint-Vincent, était mort chez elle et fut inhumé dans la sépulture de la maison de Manteville. Elle restait donc seule, et on conçoit quelles souffrances morales elle dut éprouver pendant trois ans au sujet de son malheureux fils ; en même temps, elle fut obligée, bien que femme et malgré son âge, de se plier à toutes les exigences des lois révolutionnaires. C'est ainsi que nous la voyons convoquée devant la municipalité d'Epiez pour remettre ses titres de noblesse ; voici le procès-verbal qui fut dressé pour constater cette formalité :

« Cejourd'huy 24 septembre 1793, l'an deuzième de la république française, une et indivisible, en conformité du décret de la Convention nationale qui ordonne que tous les cy-devant nobles remettront en leur municipalité tous leurs titres de noblesse, aujourd'hui est comparue en notre maison commune par devant nous, la citoyenne Marianne Saint-Vincent veuve de feu Philippe-Raphaël Manteville, nous ayant apporté plusieurs pièces de papiers, les ayant tous passé, n'en ayant trouvé aucun qui constate les titres de noblesse, attendu que défunt son mari n'était que cadet, que les aînés les avaient, cependant comme son fils les a eus après défunt François-Christophe Manteville son oncle qui était l'aîné de la famille de Manteville, étant parti, ne sachant là où il est, a emporté lesdits titres avec lui, de quoi avons dressé le présent procès-verbal, pour servir et valloir à ce que de raison, et laditte Saint-Vincent a signé avec nous après lecture faite. »

Puis, elle se fait donner des « certificats de civisme » ; on sait qu'en vertu d'une loi de 1793, il fallait pour montrer qu'on n'était pas « suspect » au gouvernement, et éviter d'être mis en état d'arrestation, se faire délivrer des certificats dits « de civisme » constatant qu'on était dévoué à la révolution ; c'était souvent pour les intéressés une question de vie ou de mort. Un très grand nombre de personnes de la région, hommes et femmes, et dont beaucoup n'étaient pas nobles, dénoncées comme suspectes, furent emprisonnées à Longwy ; le 5 septembre 1793, le conseil général de cette ville, considérant « que la maison d'arrêt regorgeait de prisonniers des deux sexes », décida « que les femmes seraient transférées à l'hospice. »

Nous croyons intéressant de citer en entier deux de ces curieuses pièces qui furent établies pour Mme de Manteville :

« Au nom de la Loy, nous, maire, officiers municipaux, agent national, notables et membres du comité formant le conseil général de la commune d'Epiez, département de la Moselle, district de Longwy, sur le rapport fait au comité général de la commune du susdit Epiez que la citoyenne Marianne Saint-Vincent, veuve douairière de défunt Philippe-Raphaël Manteville, demeurant audit Epiez, suivant son extrait de baptême est née à Murvaux, département de la Meuse, district de Montmédy, le 25 septembre 1733, a été baptisée le même jour dans l'église paroissiale dudit Murvaux, laquelle demande un certificat de civisme, a subi les trois jours d'affiche prescrits par la loi et que à l'appui de sa demande et joint à l'avis de la municipalité sur son civisme ainsi que la quittance de la totalité de ses contributions patriotiques, celles de ses impositions tant foncières que mobilières de l'année entière de 1792 et autres antérieures, ensemble : 1° le certificat qui atteste que ladite citoyenne Saint-Vincent n'a point été comprise sur la liste des émigrés de ce département et que ses biens n'ont pas été mis en séquestre ; 2° celui que nous constatons qu'elle réside dans la république française depuis et avant le 9 mai 1792 sans interruption jusqu'à ce jour ; ladite Saint-Vincent nous déclare n'avoir qu'un fils âgé de 27 ans, qui servait en qualité de lieutenant dans le régiment de Berchiny, lequel était déclaré émigré, ladite citoyenne Saint-Vincent déclare et affirme par devant nous que si son fils s'est émigré, ce n'est pas de son avis ni de son consentement, que jamais il ne lui en a parlé ; connaissant ladite Saint-Vincent d'un bon patriotisme suivant notre connaissance, n'ayant jamais rien reconnu en elle qui lui soit reprochable tant avant la révolution que pour le présent ; le conseil général arrête et déclare que le présent lui est délivré pour certificat de civisme, conformément aux lois du 30 janvier et 5 février et 19 juin 1793 ; en foi de quoi nous avons signé avec ladite Saint-Vincent, ce 6 pluviose, 2ᵉ année de la république française, une et indivisible. »

Ce certificat est du 26 janvier 1794 ; le suivant est du 29 avril 1795 :

« Nous, Maire, officiers municipaux, agents nationaux membres du conseil général de la commune d'Epiez, certifions que la citoyenne Marianne Saint-Vincent, veuve de défunt Philippe-Raphaël Manteville a, depuis le commencement de la révolution jusqu'à présent, donné des preuves de civisme et du patriotisme le plus pur, tant par des différents dons patriotiques que par les soins et les services importants qu'elle s'est toujours empressée de rendre aux habitants de cette commune. En foy de quoy, nous lui avons délivré le présent certificat. Fait en la maison commune d'Epiez, ce 9 floréal, 3ᵉ année de la république française une et indivisible. »

Madame de Manteville mourut le 15 février 1807, assistée de son frère Jacques François de Saint-Vincent, ancien officier, retiré à Nancy. Elle était âgée de 74 ans. Des habitants d'Epiez se rappellent encore avoir entendu vanter sa charité par leurs parents qui racontaient qu'on la voyait souvent à la fenêtre de sa maison, donnant sur la rue, où elle se tenait pour travailler ; elle ne sortait guère que pour aller à l'église, et ceux qu'elle rencontrait alors sur son chemin recevaient toujours des marques de sa générosité.

Avec elle et son fils Philippe-Louis, mort victime de la Révolution, s'éteignit la famille de Manteville.

II

LE BARON DE REUMONT

Jean-Baptiste-Charles de Reumont, qui devait être le dernier seigneur de Manteville, était né au château de Frenois près Montmédy, le 20 mai 1723 ; il était fils de Gabriel de Reumont et de Marie-Henriette de Gourcy, et petit fils d'Anne-Charlotte de Wopersnow ; d'où sa parenté assez rapprochée avec les de Manteville ; il avait deux frères : Christophe, son aîné, et Henri qui fut Lieutenant de Roi à Montmédy ; et une sœur, Marie-Anne qui épousa Antoine-Jean-Baptiste, baron de Failly.

La maison de Reumont, très ancienne et très connue, originaire du Catau-Cambrésis, était venue s'établir en Luxembourg, au commencement du XVIᵉ siècle. Jean de Reumont — bisaïeul de Jean-Baptiste — colonel d'un régiment d'infanterie pour

S. M. Impériale et gouverneur de Münster, en Westphalie, avait reçu en 1649, de l'Empereur Ferdinand III, le titre de chevalier du Saint-Empire, en reconnaissance de ses mérites militaires et de ses bons offices pendant les négociations du traité de Westphalie, et en 1650 celui de baron du Saint-Empire, de Philippe IV, roi d'Espagne et duc de Luxembourg. Ces titres étaient transmissibles aux héritiers légitimes ainsi qu'à tous leurs descendants « mâles et femelles ». De plus, les lettres patentes de l'Empereur Ferdinand, modifiant les anciennes armoiries des de Reumont, leur accordèrent les suivantes : « écartelé au dernier et premier d'or à l'aigle double couronné et éployé de sable, au bec ouvert langué de gueules (aigle de l'Empire) ; au deuxième et troisième, d'or au chevron de gueules ; sur le tout un écusson d'argent à deux rameaux d'olivier de sinople, liés par ensemble en forme de couronne. »

Jean-Baptiste de Reumont, qui était seigneur de Flassigny en partie et seigneur foncier de Petit-Xivry, n'étant pas l'aîné, était plutôt connu sous le nom de « M. de Flassigny »; il était capitaine de grenadiers au régiment de Champagne et chevalier de Saint-Louis, à l'époque des donations que lui fit M. de Manteville ; à cette occasion, il vint de Perpignan, où il tenait garnison, en Lorraine, pour être présent aux actes que nous avons cités en 1767. Puis, obligé de regagner son régiment, il dut, pour les différentes formalités à accomplir ensuite, se faire remplacer, jusqu'au moment où il revint définitivement dans son pays.

Comme il n'était pas originaire de Lorraine, il fallut d'abord, ainsi que l'exigeait la coutume de St-Mihiel, pour obtenir de la Chambre des Comptes de Bar, l'entérinement de la donation à lui faite, justifier qu'il avait « qualité suffisante pour posséder fief au duché de Bar », c'est-à-dire qu'il était noble. Ce fut son frère Christophe qui se chargea de faire établir les preuves de sa filiation et de sa noblesse et de les présenter à la Chambre des Comptes (10 septembre 1767). Celle-ci, ayant admis les justifications produites, entérina les lettres de donation, « à charge de satisfaire à tous les autres devoirs féodaux dans le temps prescrit ». Le 18 janvier 1768, M. Charles Wyart, écuyer, avocat à la Cour, « personne noble », rendit les foi et hommage et prêta le serment de fidélité, pour M. de Reumont, « obligé d'être à la suite de son régiment et se trouvant dans le cas d'une excuse légitime. » Cela coûta 138 livres, 19 sols, 6 deniers. Le 24 mars suivant, lui même donna son aveu et dénombrement pour la terre et seigneurie de Manteville. MM. de Failly et Degendre signèrent cette pièce avec lui. Huit ans plus tard, à l'occasion de l'avènement de Louis XVI au trône, il rendit devant le Parlement de Metz les foi et hommage auxquels il était tenu pour ses biens de Charency et de Vezin.

A la fin de l'année 1768, M. de Reumont quitta le service et revint habiter la Lorraine ; nous le voyons résider, tantôt à Flassigny-la-Petite, dans le château de sa famille, tantôt et surtout à Petit-Xivry ; puis, il acquiert entre temps diverses propriétés toutes groupées autour de Manteville, et dont plusieurs étaient très importantes. Ainsi, l'année suivante, il acheta à son cousin, le comte François-Joseph de Suys, qui demeurait à Charency, ce qu'il possédait en terres et prés sur Epiez, Vezin et Torgny, à lui échu de la succession de François et Philippe de Manteville, ses oncles ; le prix était de 500 livres au cours de France.

En 1775 il se rendit acquéreur sur le comte Louis de Lépine de Laclaireau d'un quart du fief de la Folie, et de tout ce qu'il possédait dans la terre et seigneurie de Villette, c'est-à-dire un quart moins un trente-deuxième, le reste appartenant à

MM. de Gorcy de Villette et de Gorcy de Longuyon, le tout moyennant 17.000 livres de France ; outre les droits dans la haute, moyenne et basse justice de ce fief, il y avait une petite ferme qu'il louait 500 livres avec les rentes seigneuriales.

Pierre Lallemand et consorts lui vendirent, en 1778, la terre et seigneurie d'Urbule, comprenant « la maison, les jardins et six-vingt jours de terre, » plus un autre quart de la Folie, pour 9.459 livres de France. A partir de ce moment ce fut toujours Urbule qu'il habita, jusqu'à la mort de M. de Manteville. Il faisait valoir lui même ce petit domaine, « sol ingrat dont on ne pouvait guère tirer plus de 300 livres par an de fermage », à en croire l'avis de laboureurs d'Epiez appelés à l'estimer.

L'année suivante, il échangea la terre et seigneurie de Petit-Xivry contre le quart de la seigneurie d'Epiez, y compris le château, avec M. Faucheux, lieutenant de cavalerie au régiment de Commissaire-Général, pour le compte de son fils mineur Jean François Antoine, qui le tenait de sa mère Marie Hélène Richard de Batilly ; la ratification de ce contrat fut faite à Othe par et chez M. de Wargny, ancien officier d'artillerie, seigneur d'Othe, curateur de M. Faucheux, en présence de M. Nicolas, curé de cette paroisse.

En 1780, il acquit encore de la famille de Batilly, une petite métairie de roture, sise ban d'Epiez à « la pièce au lait », confinant les terres d'Urbule.

Il fut mis en « possession réelle, actuelle et civille » des deux seigneuries d'Urbule et d'Epiez, le 16 février 1780, suivant les mêmes formalités que nous avons déjà décrites, notamment pour la prise de possession de Manteville, et qui furent consignées dans deux actes notariés.

Il fit son dénombrement pour ces diverses acquisitions dépendant de la prévôté de Longuyon le 7 août 1780, et le

16 novembre suivant, pour celles situées à Charency et Vezin qui étaient de la prévôté de Marville.

Nous arrivons à l'époque du décès de François-Christophe de Manteville et nous allons voir que M. de Reumont eut de la peine à faire reconnaître ses droits par Mᵐᵉ de Manteville, veuve de Philippe-Raphaël. Celle-ci, en effet, le jour même de la mort de son beau-frère, le 11 mai 1788, avait requis l'apposition des scellés sur les meubles du défunt, « agissant en qualité de mère et tutrice de son fils mineur, » assistée de Jean-Nicolas de Gorcy prêtre, demeurant à Villette, « en qualité de curateur » et disant que « comme François-Christophe de Manteville n'avait laissé pour tout héritier présomptif que son neveu Philippe-Louis, il était de leur devoir de veiller à ses intérêts et à la conservation de ses droits en la succession de son oncle, qui était dépositaire de tous les titres concernant la famille, et que le château se trouvait sans maître actuel et sans personne pour veiller à la conservation de tout ce qu'il contenait. » Mᵐᵉ de Manteville feignait d'ignorer ce qu'elle savait très bien ! En conséquence, le lendemain de l'inhumation de M. de Manteville, on se rend au château avec le lieutenant particulier du bailliage, nommé commissaire pour procéder à l'apposition des scellés, l'avocat procureur du Roi et un greffier ; se trouve aussi là l'huissier établi garde pour veiller sur la maison ; M. de Reumont déclare qu'il s'oppose à l'apposition des scellés, et exhibe les titres par lesquels M. de Manteville lui a donné « tous ses biens immobiliers et mobiliers, parmi lesquels est comprise la terre et seigneurie de Manteville, » ajoutant qu'il sait que le curé de Torgny est dépositaire d'une copie du testament du défunt. A cela, Mᵐᵉ de Manteville et l'abbé de Gorcy répondent « qu'il s'opposent à la qualité prise par M de Reumont de seigneur de Manteville » et que, « ne pouvant dans l'intérêt du mineur accepter quant à présent les donations vantées par ledit M. de Reumont, ils maintiennent leur demande d'apposition des scellés ». Devant cette déclaration le lieutenant particulier, du consentement de l'avocat procureur du Roi, procède aussitôt à l'opération. Sur les entrefaites arrive M° Antoine Lambert, curé de Torgny, avec la copie du testament dont il était détenteur ; on en donne lecture ; mais néanmoins Mme de Manteville et l'abbé de Gorcy maintiennent qu'ils ne peuvent « accepter ni refuser ledit testament, réservant tous leurs droits et actions ». Toutefois, ils invitent le lieutenant commissaire à arrêter ses opérations.

Les choses en restèrent là pendant des semaines ; M. de Reumont ne pouvait habiter Manteville ni exécuter les dispositions testamentaires de son donateur. Après des requêtes réitérées pour mettre fin à cette situation, ce ne fut que le 12 août suivant, c'est-à-dire trois mois plus tard, qu'il put obtenir du bailli de Longuyon une sentence ordonnant qu' « il sera procédé à la levée et reconnaissance des scellés et à l'inventaire de tous les meubles titres et papiers dépendants de la succession, pour être remis de suite à qui il appartiendra. »

Mme de Manteville voulait que tous les titres lui soient livrés offrant de représenter à M. de Reumont ceux qui pourraient lui être nécessaires.

Le 20 août, enfin, la levée des scellés et l'inventaire purent avoir lieu ; tous ces frais de conclusions, ordonnances, transport au château de Manteville, apposition des scellés, nouveau transport au château, et levée desdits scellés coûtèrent 199 livres 2 sols.

Le bailli, que nous voyons, par extraordinaire, rendre des sentences, était le marquis de Sailli ; M. Jean-François de Wal était alors lieutenant-général ; ils furent les derniers titulaires de ces charges à Longuyon, avant la Révolution.

Mais **M.** de Reumont n'était pas au bout de ses tribulations ! Pendant trois mois, nous comptons huit significations de comparaître à audience, conclusions, remises de l'affaire etc... pour aboutir enfin, le 30 décembre 1788, à une nouvelle sentence du bailli conforme aux conclusions prises par Mᵐᵉ de Manteville et l'abbé de Gorcy, et disant que, « bien que les requérants pourraient en apparence de droit combattre les donations faites et les testaments, ils déclarent quant à présent ne vouloir en aucune façon ni manière quelconque, empêcher l'effet desdites donations ni testaments, le tout néanmoins, sans entendre de leur part nuire ni préjudicier en rien aux droits du sieur mineur dont les intérêts leur sont confiés et sans que de leur présente déclaration on puisse en faire sortir en aucun temps une fin de non recevoir contre lui, au cas que par la suite, il viendrait à récupérer des titres et renseignements qui pourraient le faire rétablir dans les droits qu'il avait lieu d'espérer comme seul et unique héritier présomptif des biens, nom et armes de François-Christophe de Manteville et de MM. ses ayeux » en conséquence « accepte le déport et consentement » des requérants, leur en donne acte et conclut que M. de Reumont est et demeure « propriétaire incommutable » des meubles et immeubles à lui donnés, et qu'enfin les papiers et titres de propriété devront lui être rendus.

Ainsi se termina, au bout de sept mois, ce différend soulevé par Mᵐᵉ de Manteville qui, on le comprend facilement, n'acceptait pas de gaieté de cœur et sans protester, les volontés cependant bien formelles de son beau-frère.

A partir de ce moment, M. de Reumont quitta Urbule et vint habiter Manteville ; mais, il n'y fut pas longtemps en paix ; les évènements de la Révolution, jetant le trouble partout, vinrent bientôt assombrir ses dernières années et très probablement hâter sa fin. Le 16 mars 1789, il assista à

Longuyon à l'assemblée générale des trois états du bailliage ;
il y représentait en même temps sa sœur, Mme de Failly, qui
habitait le château de Grand Failly, et Mlle Catherine de la
Morre, dame en partie d'Ugny.

Rien de bien particulier ne se produit jusqu'en 1792 ; la
vie semble encore suivre son cours à peu près normal dans la
province ; mais, à partir de cette année, le vent de la révolution souffle de Paris jusqu'aux extrémités du royaume ; la
fièvre gagne partout par l'application des innombrables et extra-
vagantes lois votées...

Le 17 mars 1792, M. de Reumont est inscrit sur la « liste
indicative pour les hommes et garçons citoyens actifs de la
municipalité d'Epiez qui seront portés sur le registre pour la
garde nationale ». Il allait avoir 69 ans !

Quelques mois plus tard, les armes des « ci-devant nobles et
de leur agents sont saisies par la municipalité et distribuées à
la garde nationale d'Epiez ». Pour s'absenter de Manteville, il
faut maintenant à M. de Reumont des laissez-passer qu'on lui
délivre à la maison commune, pour lui permettre de « passer
et repasser dans le royaume ». Le 7 décembre 1792, le « citoyen
maire et les officiers municipaux se transportent en la chambre
de leurs séances pour recevoir le serment prescrit par les lois
des 14 août et 27 septembre précédents, de citoyent républi-
quin francese (sic) de Jean-Baptiste Reumont de Manteville » ;
il fut fait de même pour tous les habitants d'Epiez, quelques
jours plus tard ; toutefois le curé Jean-Joseph Noirjean fit
exception ; il avait quitté son presbytère dès le 22 mai 1791
« à cause de la non prestation de serment à la Constitution
civile du clergé, en crainte de mauvais traitements qu'ont
éprouvés d'autres prêtres, et devant l'effervescence des gens
de Charency » ; il se réfugia à Manteville du 7 mai au 15
octobre 1792, date à laquelle il gagna le Luxembourg, « pour

se conformer à la loi du 26 août de la même année, qui ordonnait la déportation des prêtres non assermentés ».

Le même jour qu'il se met en règle avec la loi, en prêtant serment, M. de Reumont se fait délivrer le certificat suivant :

« Nous, maire, officiers municipaux et procureur de la commune d'Epiez, tribunal de Longuyon, district de Longwy, département de la Moselle, certifions que le citoyen Jⁿ Bᵉ de Reumont de Flassigny, né le 20 Mai 1723 à Frenois près Montmédy, baptisé le 22 suivant dans l'église paroissiale de la dite ville, capitaine retiré du régiment de Champagne, résidant à Manteville dépendant de cette municipalité, est vivant pour s'être présenté devant nous ce jourd'hui, certifions qu'il n'a pas sorti de sa demeure ordinaire suivant notre connaissance depuis plus de six mois sans interruption, nous a requis de lui donner le présent qu'il a signé avec nous, nous a présenté un sauf-garde du général autrichien dans le temps qu'il était dans le pays, pour l'empêcher d'être pillé ny insulté, résidant dans une maison isolée, le citoyen Reumont nous a déclaré que c'était pour empêcher le détruiment de sa maison.

Délivré le 7 décembre 1792, etc... ».

Malgré ces précautions pour prouver qu'il ne nourrit aucun mauvais dessein, M. de Reumont semble suspect, comme aussi Mᵐᵉ de Manteville. En effet, la municipalité ayant reçu le 21 décembre suivant une « circulaire du citoyen Legros, receveur des droits d'enregistrement à Longuyon » lui ordonnant de faire la « déclaration des émigrés » — la loi relative à la vente des biens des émigrés avait été promulguée le 2 septembre précédent — s'empressa de dresser l'état : 1° de ce qui appartient à Mᵐᵉ de Manteville — qui n'émigra pas ; — 2° de ce qui appartient à M. de Reumont — qui ne pensait pas encore à partir. Aussi, celui-ci, afin de ne pas être inquiété, malgré son âge, se fit délivrer à plusieurs reprises des certificats de civisme. Voici le premier en date, que nous donnons en entier ; il nous renseigne en même temps quelque peu sur ce qu'était physiquement M. de Reumont :

« Nous soussignés, maire, officiers municipaux, membres du conseil général de la commune d'Epiez, sur la demande qui a été faite par le citoyen J.-B. Reumont, domicilié dans notre municipalité, sur l'attestation des 8 citoyens ci-après dénommés, Jean Ansion, Servais Gobert, Jean Pierret, Servais Perrignon, Pierre Perrignon, Guillaume Rouvroy, Jean Gobert, Jean Hury, tous citoyens domiciliés dans la communauté du dit Epiez qui est du canton de Charancy qui est celui de l'arrondissement duquel est le certifié J.-B. Charles Reumont Flassigny, né le 20 mai 1723 à Frenois près Montmédy, baptisé le 22 dudit mois dans l'église paroissiale de la dite ville, capitaine de grenadiers retiré du régiment de Champagne, cultivateur, taille de 5 pieds 8 pouces, figure ronde, portant perruque, sourcils châtains, barbe grise, les yeux bleus, nez et bouche moyenne, qui demeure à Manteville attaché à cette municipalité, dans sa maison à lui appartenant où il réside depuis plus de six mois sans aucune interruption, est vivant pour s'être présenté aujourd'hui devant nous, et nous a déclaré ne jouir d'aucun traitement d'activité ni d'autre pension, que celle portée en son brevet de 1162 livres 10 sols ; certifions de plus qu'il a prêté devant nous le serment prescrit par les lois des 14 août et 27 septembre derniers, d'être fidèle à la république française, de maintenir de tout son pouvoir la liberté et l'égalité et de mourir pour la défendre, comme aussi qu'il a acquitté toutes ses impositions de l'année 1791 en entier et la totalité de son don patriotique, montant à la somme de 250 livres, qu'il a payé l'imposition mobilière de la dite année 1791 ; en foy de quoy nous lui avons délivré le présent certificat qui a été donné en présence du certifié et des 8 certifiants lesquels ne sont à notre connaissance et suivant l'affirmation qu'ils ont faite devant nous, parents, alliés, fermiers, domestiques, créanciers, débiteurs ni agens dudit certifié. Et ont les dits certifié et certifiants signé. Fait le 10 février 1793, l'an 2° de la république française ».

Le 14 septembre suivant, il lui en est encore délivré un, « étant dans le dessein de sortir de sa demeure pour quelque temps pour aller en France vaquer à ses affaires », ainsi que le 24 septembre, pour lequel, à l'appui de sa demande, il présente un « certificat attestant qu'il n'a point été compris sur la liste des émigrés du département et que ses biens n'ont pas été mis en séquestre ». Et le même jour, le vieux chevalier de Saint-Louis est obligé de rendre sa croix..., qu'on lise plutôt :

« Ce jourd'huy 24 septembre 1793, nous, citoyens maire, procureur, officiers municipaux, membres du conseil général et communauté de la commune d'Epiez, en conformité du décret de la Convention nationale en date du 28 juillet dernier qui ordonne à ceux qui possèdent des croix dites de Saint-Louis et de tout ordre royaliste de les déposer à leur municipalité ainsi que leur brevet ; s'être présenté le dit jour par devant nous le citoyen Jean Baptiste Charles Reumont, lequel nous a remis sa croix de Saint-Louis et 6 pièces de parchemin lesquels sont ses titres de noblesse ; ledit Reumont nous déclare avoir perdu son brevet de croix de Saint Louis à la retraite d'Hanovre ; de quoi nous avons dressé le présent procès verbal pour servir et valoir à ce que de raison ; en foy de quoy nous avons signé à Epiez les jour, mois et an susdits, et a ledit Reumont signé avec nous ».

Nous ignorons si ce fut la dernière humiliation qu'il subit, ni ce qui s'est passé ensuite ; mais comme nous nous trouvons au moment où l'on emprisonna, « pour cause de suspicion », un très grand nombre d'habitants des villages voisins, dont

plusieurs furent condamnés à mort, il est probable que
M. de Reumont, sans doute dénoncé ou menacé, jugea qu'il
n'était plus en sécurité à Manteville ; en tout cas, à partir de
la fin de 1793, il n'est plus question de lui sur les registres de
la commune d'Epiez.

Nous le retrouvons, en 1794, à Limbourg-sur-la-Lahn (province de Hesse-Nassau) et réellement émigré, cette fois. Il y
habitait une chambre et un cabinet, chez le maître menuisier
Meurer, dans sa maison dite « à l'aigle ». Il avait emmené avec
lui sa vieille servante, Catherine Dubois, déjà au service de
M. de Manteville, et toute dévouée, ainsi que les siens, à la
famille, puis son jardinier, Nicolas Thirion et son domestique,
Charles Mocana. Il se trouvait là avec d'autres émigrés, son
neveu M. de Failly, M. de Quesnoy (peut-être Duquesnoy,
avocat et syndic à Briey, député du tiers ordre pour le duché
de Bar) et M. Jean-François Nicolas, curé d'Othe.

Mais, l'âge et les évènements aidant, peut-être aussi la maladie, il sentait qu'il ne reverrait plus sa patrie... et le 15 décembre 1794, il écrivit ses dernières volontés : « je déclare, » dit-il,
« avoir déposé entre les mains de M. Lambert, curé de Torgny,
mon testament ; j'y persiste, et, comme par cet événement de
cette guerre, il pourrait se faire que je ne puisse pas rentrer
dans mes biens de France et que pour ceux qui me viennent de
M. François-Innocent de Manteville, son intention était
qu'après moi ils passent dans les mains de M. Jean-Baptiste
baron de Reumont, mon neveu, je les lui donne et abandonne
après ma mort, pour en jouir et disposer à sa pure volonté et
comme il lui plaira... je le charge de donner à mes neveux
de Failly chacun cinquante louis.. je lui recommande de faire
prier Dieu pour moi et d'avoir soin de mes domestiques,
notamment de Catherine qui me sert depuis longtemps et qui,

par attachement, m'a suivi dans ce pays ; elle mérite à tous égards une récompense, etc... »

Il mourut très peu de temps après, le 18 avril 1795, ayant chargé M. le curé Nicolas d'être son exécuteur testamentaire. Voici comment est libellé son acte de décès :

« Anno 1795, die 18ᵐⁿ aprilis, obiit in Limbourg, sacramentis pœnitentiæ et extremæ unctionis præmunitus, Nobilis ac Illustris Dominus Joannes Baptista Baro de Reumont, Lieutenant Colonel (sic) Legionis Campaniæ Regis Galliæ, Eques ordinis regalis et militaris Sancti Ludovici, Dominus de Manteville ».

Comme il avait emporté avec lui un certain nombre d'objets de valeur, probablement ce qu'il avait de plus précieux à Manteville, les officiers de justice de Limbourg en dressèrent un état et les mirent sous scellés, en attendant l'arrivée de son héritier. Nous relevons, à titre de curiosité, les suivants, contenus dans trois malles et un coffre, et énumérés par l'inventaire très détaillé, puisqu'il n'oublie pas un tire-bouchon, une pipe, une bourse en soie, etc... :

Argenterie :

dix plats façonnés,
une petite écuelle façonnée avec un couvercle,
un porte-huilier et un sucrier pour répandre du sucre,
une cafetière et deux chandeliers,
quinze fourchettes et quinze cuillers,
deux grandes cuillers à soupe,
huit cuillers à ragoût,
une grande cuiller pour passer le sucre,
une grande cuiller à poisson,
douze cuillers à café,
un calice avec une patène,

trois paires de chandeliers de cuivre argenté,
une paire de boucles d'argent,
    etc...
un surtout de drap vert avec des pantalons du même drap,
une veste de nuit de mouton et un caleçon de même étoffe,
un habit brun et une veste blanche brodée,
un habit brun avec une veste d'indienne,
un habit de couleur mêlée avec une veste rouge,
un habit d'été avec une veste de soie et une de velours,
deux paire de culottes de drap de coton anglais manchester,
une paire pareilles en rayé bleu,
un manteau bleu,
un chapeau,
une paire de bottes,
deux paires de souliers et une paire de pantoufles,
cinquante trois chemises,
vingt-cinq cravates,
onze paires de bas, dont trois de lin et une de soie,
cent-quarante et un mouchoirs,
dix bonnets de coton,
quinze paires de chaussons,
quatre paire de caleçons,
douze bandeaux,
trente-quatre douzaines de serviettes,
trente-deux nappes,
trente-deux draps de lit,
    etc...
deux fusils à deux coups,
une paire de pistolets,
une croix de Saint-Louis,
une tabatière de buis,
sept rasoirs en deux étuis,

un tire-bouchon,

une pipe et deux livres de tabac,

une bourse de soie dans laquelle cinq louis en or,

deux paires de lunettes,

etc...

Il y avait aussi une charrette avec un cheval qui furent estimés 15 florins !

Catherine Dubois avoua aux officiers de justice que M. de Failly avait pris deux montres en or, dont une à répétition, qu'il rendrait à l'héritier, et de plus que son défunt maître avait déposé 330 louis entre les mains d'une personne fidèle à Limbourg, dont elle ne pouvait dire le nom qu'à son neveu ; et enfin qu'il y avait aussi une tabatière en or qui avait disparu.

Ceci se passait le 2 mai 1795; le 12 septembre suivant arriva à Limbourg le neveu de M. de Reumont, fils de son frère Christophe, prénommé comme lui Jean-Baptiste, et son héritier. Il fut mis aussitôt en possession, par les soins de M. le curé Nicolas, de tout ce qui appartenait à son oncle.

Pendant que ce vieillard de 71 ans finissait ses jours de cette façon lamentable, loin de sa patrie et des siens, là-bas, dans son pays, on le dépouillait de tous ses biens qui avaient été confisqués. Ses fermes de Manteville, d'Epiez et de Villette furent vendues morcelées en plusieurs lots, en 1794, 1795 et 1796, celle d'Urbule, en un seul lot en 1795. Le juge de paix du canton de Charency, René Gillet, qui habitait Epiez, reçut sur le produit de la vente, 64 livres, « pour avoir en qualité de commissaire nommé par l'Administration, employé 16 jours tant à l'apposition de scellés, confection d'inventaire et vente des effets, qu'à faire battre et conduire les graines, paille et foin, dans les magasins de Longwy » ; le mobilier avait été estimé 615 livres 15 sols, la plupart des objets qui le composaient étant de « nulle valeur » ; nous ne savons pas s'il fut vendu.

Quant au château, nous n'avons rien trouvé qui indique qu'il ait été mis en vente ; ou bien s'il le fut, il ne se présenta pas d'acquéreur.

En 1803, un des frères de M. de Reumont demanda et obtint de faire bénéficier celui-ci de l'amnistie accordée l'année précédente ; comme, dans ce cas, les héritiers « rentraient dans la jouissance de ceux des biens qui n'avaient été ni vendus ni exceptés par l'art. 17 du sénatus-consulte », le château de Manteville put de cette façon rester dans la famille de Reumont.

On garde encore maintenant dans leur pays le souvenir reconnaissant du bien que les familles de Manteville et de Reumont y ont fait. Toutes deux étaient très estimées et très aimées. Nous n'en voulons pour preuve que ces quelques lignes écrites en 1808, c'est-à-dire fort peu de temps après les événements que nous venons de retracer, par le baron de Reumont et M. de Saint-Vincent, frère de Mme de Manteville et l'un de ses héritiers, au sujet d'un accord relatif à deux de leurs propriétés contiguës à Manteville : « c'est, » disent-ils, « pour éviter toute contestation à l'avenir, et par respect pour la mémoire de nos ayeux à la réputation desquels le public n'a cessé et ne cesse de rendre hommage après leur décès, d'une manière consolante et flatteuse pour nous. »

Après la mort de M. de Reumont, neveu du dernier seigneur de Manteville, ses biens allèrent à ses enfants ; ils étaient au nombre de trois : un fils, Auguste, mort célibataire, avec qui s'éteignit le nom, et deux filles qui épousèrent, l'une le chevalier d'Ansan d'Egremont, l'autre le baron de Thomassin de

Montbel. C'est à cette dernière qu'échut, à la suite de partages, le château de Manteville ; après elle il passa à ses enfants et, de nos jours, à ses petits enfants qui conservent précieusement le témoin de tant de souvenirs de famille.

Juillet 1908.

TABLEAU GÉNÉALOGIQUE DE LA FAMILLE DE MANTEVILLE

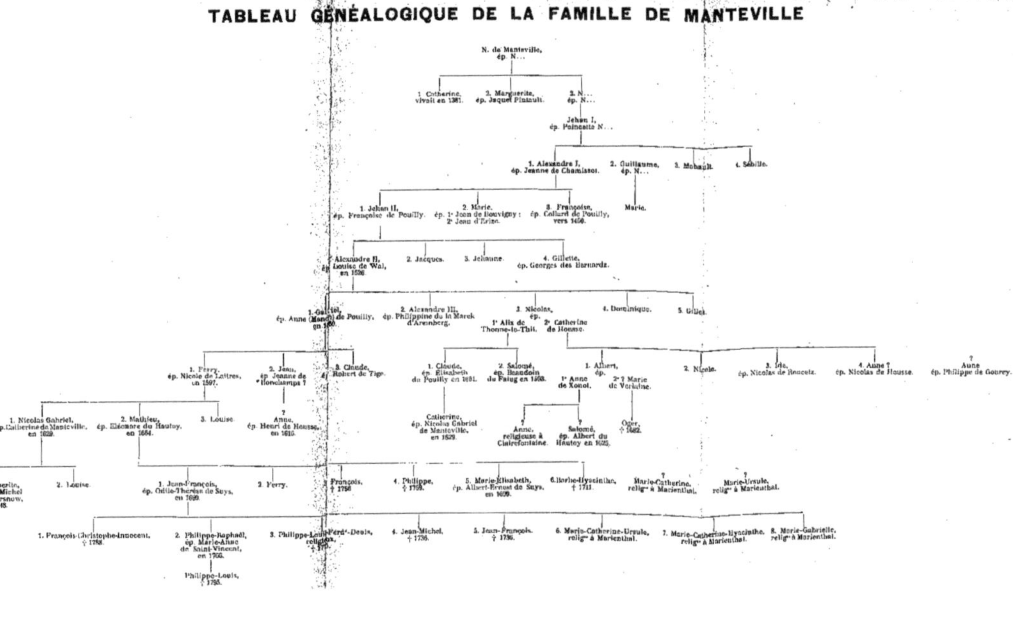

DOCUMENTS & OUVRAGES CONSULTÉS

OU DONT IL A ÉTÉ DONNÉ DES EXTRAITS.

Archives de famille.

Archives de M. le marquis de Lambertye, à Cons-la-Grand-ville.

Archives du département de Meuthe-et-Moselle, à Nancy (en particulier, cartulaires de Sancy et de Pierrepont).

Archives du département de la Meuse, à Bar-le-Duc (archives de la Chambre des Comptes de Bar).

Inventaire des titres de Lorraine, dressé par le Sr du Fourny en 1697 (manuscrit de la bibliothèque de la ville de Nancy, tomes VIII et IX).

Tabelles généalogiques, manuscrit de l'abbé Welter, curé d'Ethe (copie à la Bibliothèque de Luxembourg).

Les anciens Seigneurs de Breux, par L. Schaudel, Montmédy, 1890.

La Seigneurie de Breux, par le même, Arlon 1906.

Inventaire sommaire des archives communales du département de Meurthe-et-Moselle, antérieures à 1790, par M. E. Duvernoy (tome 7e, S^{ie} E. Suppl^t, tome 1er, arrondissement de Briey).

Archives de la commune d'Epiez.

Archives de la commune de Villers-le-Rond.

Archives de l'ancien département de la Moselle, à Metz (fonds des émigrés du district de Longwy).

Archives du Ministère de la Guerre (recherches faites par M. le lieutenant G. de Montbel).

Registres d'état civil au greffe du tribunal de Briey.

Les communes luxembourgeoises, par M. Tandel, tome III.

Monographie de la commune de Villers-le-Rond, par M. Adrian, instituteur.

Publications de la Société Historique de l'Institut R. G. D., à Luxembourg, tomes XXV, XXX et XXXIX.

Nobiliaire de Lorraine de Dom Pelletier avec annotations manuscrites de Gironcourt.

Généalogie de la famille de la Fontaine d'Harnoncourt, Vienne 1894.

Armorial général de J. B. Rietstap.

Metz ancien, par le baron d'Hannoncelles.

Découvertes archéologiques sur les territoires de Villette et de Charency-Vezin, par L. Schaudel, 1890.

Des sépultures antiques dans le Pays Montmédien, par F. Houzelle, Montmédy 1899.

Le territoire du département de la Moselle, par de Chastellux.

Etymologies du nom des villes et villages du département de la Moselle, par Aug. Terquem.

L'ancien régime dans la province de Lorraine et Barrois, par l'abbé D. Mathieu, Paris 1879.

Coutumes du Bailliage de Saint-Mihiel, édition de 1698.

Histoire de l'infanterie française, par le Général Susane.

Renseignements donnés par M. le baron M. d'Huart, Conservateur de la Bibliothèque à Luxembourg; par M. d'Arbois de Jubainville, Archiviste départemental à Bar-le-Duc; par M. L. Schaudel (archives d'Etat à Arlon et Bibliothèque Nationale à Paris) ; par M. J. Vannerus, Archiviste à Bruxelles ; par M. le Professeur van Wervecke, Conservateur de la Société Archéologique à Luxembourg ; par M. J. Favier, Conservateur de la Bibliothèque de la ville de Nancy ; par MM. F. et E. des Robert, à Nancy, et par M. François Michel, à Ugny.

ERRATA

Page 20, ligne 21, au lieu de : *cens*, lire : *censes*.

Page 22, lignes 5, 7 et 13, page 27, ligne 12, page 29, lignes 4 et 6, page 34, ligne 6, au lieu de : *baillage*, lire : *bailliage*.

Page 38, ligne 24, au lieu de : *ascensemént*, lire : *acensement*.

Page 44, ligne 21, au lieu de : *Tonne-le-Thil*, lire : *Thonne-le-Thil*.

Etablissements Albert Barbier, Nancy

www.ingramcontent.com/pod-product-compliance
Ingram Content Group UK Ltd.
Pitfield, Milton Keynes, MK11 3LW, UK
UKHW022303070726
13614UKWH00002B/523